Ullrich Fichtner

Tellergericht

Ullrich Fichtner

Tellergericht

Die Deutschen und das Essen

Deutsche Verlags-Anstalt
München

Bibliographische Information Der Deutschen Bibliothek
Die Deutsche Bibliothek verzeichnet diese Publikation
in der Deutschen Nationalbibliographie; detaillierte
bibliographische Daten sind im Internet über
http://dnb.ddb.de abrufbar.

2. Auflage 2004

Satz und Typographische Gestaltung: BK-Verlagsservice, München
Gesetzt aus der Adobe Garamond
Druck und Bindung: Bercker, Graphischer Betrieb, Kevelaer
Printed in Germany
ISBN 3-421-05586-6

Meiner Mutter

Inhalt

Essen – trotz alledem

Ratlosigkeit im Überfluss und Lachs in der Leberwurst:
Glanz und Elend heutiger Esskultur zwischen Mikrowelle
und Meisterküche

»Was gibt es?« – »Was immer Sie wollen.« – »Was ist das hier, Huhn?« – »Irgend sowas. Aber es schmeckt sowieso alles gleich …«
STANLEY KUBRICK, *2001. Odyssee im Weltraum*

Vom Essen der Zukunft haben schon viele geträumt, in Filmen, in Büchern, in der bildenden Kunst, nicht selten wünschten sich die Künstler fort aus einer Welt des Mangels in ein Zauberreich des Überflusses, in Schlaraffenländer oder kühne Technikwelten, in denen der Fortschritt alle Probleme der Ernährung längst gelöst hat. Unsere Zeit und unser Weltteil Westeuropa sind heute ärmer an solchen Visionen, das mag daran liegen, dass wir fast 60 Jahre nach den großen Kriegen, 50 Jahre nach dem großen Hunger eine Epoche sorgloser Sattheit durchschreiten, eine Welt unbegrenzter kulinarischer Möglichkeiten, eine Welt des Überflusses, eine heitere Welt.

Die Nahrungsindustrie beglückt uns täglich mit neuen Produkten, wir haben gelernt, dass Pizza nach Griechenland schmecken kann und selbst nach China, wir sind daran gewöhnt, dass die ganze Welt unseren Tisch deckt, dass uns die reibungslose Globallogistik frische Hühner aus Thailand liefert, Garnelen aus Indien, Nüsse aus Brasilien, Datteln aus Israel, Süßigkeiten aus den USA. Es ist uns selbstverständlich, dass Kiwis und tiefgefrorene Lämmer 18.000 Kilometer weit aus Neuseeland herbeigeschafft werden, dass der Thunfisch aus Costa Rica kommt, die Ananas aus Südafrika, der Chardonnay aus Australien, und mutmaßlich gäbe es Proteste, wenn der Strom dieser Waren auch nur zeitweilig abrisse, wenn im Winter nicht Erdbeeren zu haben wären, im Sommer nicht Orangen, wenn es nicht Spargel gäbe im Herbst, ganzjährig frischen Salbei, oder wenn sich Schweinefleisch auf Dauer verteuerte über den Preis von Katzenfutter hinaus.

Es sind verrückte Zeiten. Und sie treiben schöne Stilblüten aus. Denn wir haben nicht viele Worte für das, was zwischen (Super-)Markt, Küche, Tisch, Teller, Mund und Magen vorgeht, und hebt doch einmal einer zu sprechen an, bindet er meist nur einen bunten Strauß von Albernheiten. »Der Mensch liebt die Freude am Essen«, so wurde etwa ein Pressesprecher des Unilever-Konzerns im führenden Branchenblatt Lebensmittel-Zeitung am Beginn dieses 21. Jahrhunderts zitiert, er brauche »das Mouthfeeling«. Wer hätte das gedacht. Wer hätte überhaupt gedacht, dass uns das Essen dereinst so fremd wird, dass wir es nur noch mit Fremdwörtern fassen können, die uns die Industrie fürsorglich vorbuchstabiert.

So hören wir heute vom »Megatrend Convenience«, von »Functional Food«, von »Intelligent Quisine« und »Home-Meal-Replacement«, von »Food on the run« und »Snack around the clock«, und wir lernen generell, dass unser Essen sich angeblich auflöst in individuelle Konzepte, Strategien, »Portfolios«, die dann Fun Food heißen oder Brain Food, Beauty, Finger oder Mood Food. Natürlich redet so kein vernünftiger Mensch und erst recht lebt niemand nach solchen frei erfundenen Kategorien. Natürlich auch steckt hinter all dem verbalen Gefuchtel der Traum von Industrie und Handel, sich immer neue Absatzmärkte zu erschließen, Bedürfnisse zu wecken, Profit zu maximieren. Aber trotz solcher Einschränkungen werden die wolkigen PR-Konstrukte und Marketingphrasen früher oder später doch zu alltäglicher Wirklichkeit, weil ihre Konkretionen Moden kreieren, Trends etablieren und bald in Form von neuen Produkten in Supermarktregalen landen und schließlich auf unseren Tischen und Tellern.

Sind dies, wo es ums Essen geht, gute oder schlechte Zeiten? Es ist nicht mehr zu sagen. Sie sind so finster wie sie hell erstrahlen, und unentwirrbar gleichzeitig verschwimmt das Gute im Schlechten, das Wünschenswerte erscheint kontaminiert vom Fürchterlichen, alles geht ineinander und wirft die Fragen zurück auf den Einzelnen, der sie stellt. Dies ist die Zumutung unserer Zeit: dass jeder seinen Weg wählen kann und soll und keine Autorität als die eigene am Ende die Richtung vorgibt. Wer sich vegan ernähren will, kann dies tun, wer nur koscher essen will, ebenso. Wer meint, keinen Tag ohne Fleisch sein zu können, kann sich diesen Wunsch leicht erfüllen, wie auch jederzeit Kartoffeln aus Dreifelderwirtschaft, geangelte Wildlachse, handgemachte Nudeln, makrobiotisch gezogene Gemüse problemlos zu haben sind, vorausgesetzt, man kennt, in den Großstädten, die entsprechenden Läden und Märkte, und, in der Provinz, die richtigen Internet-Adressen.

Anything goes: Man kann sein Brot backen aus selbst geschrotetem Bio-Getreide, man kann sich ausschließlich von Hamburgern ernähren, von Kartoffelchips, man kann jeden Tag eine andere Tiefkühllasagne in den Ofen schieben, sich nur mit Schokoriegeln durchschlagen, sich mit Function-Food-Joghurts gegen Blutverfettung stählen, man kann sich mit Austern versorgen, mit Hummer, mit Kaviar, mit Leberwurst-Lachs-Aufstrichen, mit Gulaschsuppe aus Dose, Tube oder Tüte, alles ist möglich, nichts ist verboten, der Supermarkt Welt hält in unseren reichen, gesegneten Breiten für jeden Geschmack, jede Vorliebe, jede Gelegenheit, jedes Budget jederzeit jeden Suchtstoff bereit.

Und doch fühlen wir uns, seltsam, im Reichtum auch ärmer denn je. Trotz sagenhafter Fülle werden die Jahre um den Jahrtausendbeginn nicht als Goldenes Zeitalter in die Geschichte eingehen, sie werden vielmehr als eine schwierige Epoche gelten, geprägt von den großen Tierseuchen mit Namen Schweinepest, Rinderwahn, Traberkrankheit. Die Welt wird, eines Tages, und vermutlich kopfschüttelnd, zurückblicken auf Hühnerfarmen groß wie kleine Welten, auf Tierfabriken ohne Maß, auf eine Zeit, in der es billiger war, Essen zu vernichten als zu verzehren, und in denen Verbrechen an Kreatur und Umwelt stattfanden, die wir Zeitgenossen noch kaum zur Kenntnis zu nehmen, geschweige denn zu benennen wagen. Aber diese Urteile werden Nachgeborene fällen. Und sie werden, voraussichtlich, bitter ausfallen.

Wir Zeitgenossen, die wir heute täglich unser Essen bestreiten, haben andere Fragen, simplere. Wir fragen: Was können wir noch essen? Was ist gesund? Was verantwortbar? Welchen Namen welchen Giftstoffes werden wir morgen lernen? Welcher Skandal war gestern? Welches Verbrechen an der Nahrung denkt sich morgen jemand aus? Es sind, was dies angeht, finstere Zeiten. Kein Reden mehr über Essen, kein Essen selbst, ohne den Hintergedanken an Epidemien, an Gefahren, an ethische Probleme. So verwirrend und vielfältig sind die umlaufenden Bedenken und Ängste in Verbindung mit unserer Ernährung, dass uns das Essen insgesamt zum Problem geworden ist, und so wird uns der Magen flau und der Kopf schwirrt von verkreuzten Gedanken und Gefühlen.

Gegen dieses Schwirren will dieses Buch eine Hilfe sein. Es will durch die Welt unseres heutigen Essens spazieren, bei einigen Sehenswürdigkeiten Halt machen, und die heillos komplizierten Dinge zumindest ein wenig vorsortieren und in eine grobe Ordnung bringen.

Was essen wir? Wie essen wir? Wo essen wir und mit wem? Woher kommt unser Essen? Warum hat es das gute, das verfeinerte, das luxuriöse Essen in Deutschland so schwer? Warum reden wir bei Tisch mehr über Gesundheit als über Genuss? Das sind grundlegende Fragen, aber wir stellen sie uns nicht, gleichgültig ist uns die Wunderwelt des Essens geworden, und deshalb wissen wir so gut wie nichts mehr über sie und jedenfalls zu wenig, um uns an dieser Stelle noch für aufgeklärt halten zu können. Wir fliegen zum Mond, sozusagen, aber wir wissen nicht mehr, wie ein

Brot gebacken wird. Wir haben eine Vorstellung von der Reifenstärke eines Formel-I-Ferraris, aber nicht mehr von der Größe einer Rinderleber. Unsere Kinder unterscheiden spielend die zehntausend Monster des Comic- und Computer-Bestiariums, aber sie stehen blind und stumm vor einem Brombeerstrauch. Wir haben zum Fun das zugehörige Food, aber nicht mehr, zum guten Leben, das gute Essen. Es sind schwierige Zeiten.

Und wir leiden an ihnen. Die Träume gehen in ein verklärtes Gestern, wo alles noch gut schien und der »Verbraucher« noch nicht vor tausend Entscheidungen stand, sondern nehmen musste, was gerade zu haben war. Früher, vor 100 Jahren, das sagen zwei Drittel der Deutschen heute, wenn sie vom Allensbacher Institut für Meinungsforschung danach gefragt werden, war alles besser, war die Nahrung gesünder, waren die Dinge des Essens einfacher, überschaubarer, glücklicher. Das ist ein abstruser, geschichtsloser Irrtum, der nichts mehr ahnt von einer Zeit ohne Kühl- und Logistikkette, von Mangelkrankheiten und verdorbener Nahrung, von Bakterien und Skorbut, von Schimmelgiften und Cholera, von Schwindsucht, Ruhr und Hunger, die heute alle, in unseren Breiten, glücklich unter Kontrolle sind.

Aber der Irrtum, das Früher zu verklären, erwächst offenkundig aus dem Unbehagen an der heutigen Kultur des Massenkonsums, der sich die allermeisten ohnmächtig ausgeliefert fühlen. Dieses Unbehagen findet sich verstärkt durch eine medial orchestrierte, politisch administrierte Kurzsichtigkeit, die sich längst nicht mehr dem »Totalphänomen« Essen annimmt, sondern nurmehr in immer hingehuschten Skizzen von Lebensmittelskandalen, Massentierquälerei und all den sonstigen Motiven des heute Schrecklichen schon das ganze Bild zu erkennen glaubt. Dabei wird das wahre Ausmaß der Komplexität nicht einmal in Umrissen sichtbar. Denn natürlich ist, trotz aller Katastrophen, und trotz des Unbehagens, unsere heutige Lage in jeder Hinsicht trotzdem luxuriös im Vergleich zu allen früheren Epochen, und die heutigen Lebensmittel, ob sie nun massenhaft vorgefertigt sind oder nicht, sind in der Regel viel weniger gefährlich, viel unbedenklicher, viel nahrhafter als je zuvor in irgendeiner schlechten alten Zeit.

Und doch: Es scheint, als hätten wir einen Punkt der Entwicklung erreicht, an dem sich das Gute und Reichhaltige in ein Vielzuviel und der Fortschritt in einen Rückfall verkehrt. Die heutigen Techniken der Essensindustrien verformen unsere Nahrung über alle Maßen, sie setzen Kunststoffe, Kunstaromen an die Stelle einst natürlicher Lebensmittel, sie arbeiten daran, die Grundprodukte immer weiter durch Surrogate zu ersetzen, weil der Preiskrieg im Supermarkt und an der Ladentheke es angeblich erforderlich macht und »der Verbraucher es so will«.

Die Industrie – und wir Konsumenten mit ihr – vertrauen dabei zu blind auf den »Fortschritt«, auf physikalisch-chemische Verfahren, statt für die Natürlichkeit unserer Lebens- und Genussmittel einzutreten und diese nach Kräften zu erhalten. Seit neuestem spielen Industrie und Wissenschaft, man ist versucht zu sagen: blauäugig wie immer schon, auf der ständig sich erweiternden Klaviatur neuer, diesmal gentechnischer Verfahren, und die Landwirtschaft, die vielerorts eine Laborwirtschaft zu werden droht, hantiert längst mit tierischen und pflanzlichen Neukonstruktionen, vor denen sich die große Mehrzahl der Menschen fürchtet und nicht selten körperlich ekelt. Aber die Gentechnik ist trotz aller anderslautenden Erklärungen ein gefährlicher Sprung ins Dunkle, der an den frühen Umgang mit der Kernenergie erinnert. Deren dramatische Gefahren wurden anfangs auch nach Kräften verharmlost, ehe kleinere und größere Unfälle bis hin zum Super-GAU von Tschernobyl das Gegenteil bewiesen.

Aber es liegt in den Bemühungen zur Rationalisierung und Industrialisierung der Nahrung abgesehen von der naiv optimistischen Fortschrittsillusion ein großes, grundsätzliches Missverständnis: Essen ist nicht und war nie zuerst ein naturwissenschaftlich zu berechnendes Herstellungs- oder Distributionsproblem. Essen, in einem umfassenderen Sinne als dem der Sättigung und schieren Lebenserhaltung verstanden, wird ein Rätsel bleiben, das nicht mit wissenschaftlichen Methoden irgendwie »lösbar« wäre. Wer versucht, ihm mit Baukasten- und chemischen Periodensystemen zu kommen, hat nichts verstanden. Tatsächlich ist Essen im täglichen Erleben jedes Einzelnen ein zutiefst geheimnisvolles, archaisches, anthropologisch aufgeladenes, in seinem Kern höchst irrationales Phänomen, viel beziehungsreicher und tiefer, als wir Esser es uns gemeinhin vorzustellen wagen.

Wer isst, macht Bekanntschaft mit seinen Gelüsten und seinen Ekelgrenzen, mit »tierischem« Hunger und »perverser« Freude an Saurem, Salzigem, Süßem, Bitterem in ihren zahllosen Kombinationsmöglichkeiten. Essen ist ein »Totalphänomen«, ihm liegt ein Gewebe aus Werten, Tabus, religiösen Pflichten und Verboten zugrunde, ein feines Flechtwerk der Erfahrungen, Traditionen, der familiären, dörflichen, regionalen, nationalen Überlieferung und Mythisierung, und es spielt dabei keine Rolle, wie bewusst sich der einzelne Esser solcher Phänomene ist: Sie sitzen so oder so immer mit am Tisch, sie liegen immer mit auf dem Teller, und mit jedem Gabelbissen werden sie zum Munde geführt und einverleibt. Totalphänomen Essen: Wir haben es noch nicht einmal ansatzweise verstanden.

Essen ist ein langer, kollektiver Lernprozess, eine Weiterentwicklung der Vielen, deren Wege sich bei Tisch zu allen Zeiten kreuzten. Essen dreht sich um Kindheit und Erinnerung, um Mütter und »Hausmannskost«, es geht um den Prozess der Zivilisation, um das Heranreifen von Tisch- und anderen Sitten, es geht um Abschiede bei letzten Abendmahlen und Ankünfte nicht nur beim Freudenfest für den verlorenen Sohn. Unzählbar sind die Geschichten über das Essen, weil jeder Mensch seine eigene geschenkt bekommt, unsere Biographien ließen sich erzählen als jahrzehntelange Menüfolge von der Muttermilch bis zum letzten Schluck Wasser. Essen bedeutet Reden, Teilen, Verhandeln, Streiten, Versöhnen, Genießen, Saufen, Fressen, Völlen, Vergiften. Und immer war deshalb die Geschichte des Essens auch eine der Politik, wenn es um vergiftete Brunnen und um Schierlingsbecher ging, um Friedensschlüsse und Kriegserklärungen, während in Spiegelsälen die Champagnerkelche klirrten und das Ochsenfleisch tranchiert wurde.

Aber es hilft nicht viel, sich dem Thema in Anekdoten zu nähern, wie es häufig geschieht in den hübschen Sammelbänden und Coffee-Table-Books, den üppigen Bilderbüchern für den lesenden Feinschmecker. Essen ist, so schön es ist, eine ernstere Angelegenheit, es ist ein Test auf den Zustand einer Gesellschaft, auf ihre innere Verfassung und ihre äußeren Organisationsschemata. Und hier fällt es leicht, für die deutschen Verhältnisse, im Vergleich zu den allermeisten unserer Nachbarländer etwa, von einem durchaus dramatischen Zivilisationsrückstand zu sprechen, der sich zuerst als simpler Wissensverlust zeigt.

Noch vor, sagen wir, 40 Jahren, war es nicht Botanikern vorbehalten, auf Wiesen Kräuter zu erkennen, an Sträuchern Beeren zu finden oder im Waldboden seltene Pilze. Die Kenntnis von Kultur- und Wildpflanzen war noch allgemein, das Wissen um Nutztiere noch vorhanden, das Wissen um Kochtechniken und vernünftige Speisepläne ebenso. In langer Kette gaben Mütter zu Töchtern ihr Wissen um das Essen weiter, diese mächtige Tradition wird heute zu einsilbig als eine Geschichte von weiblicher Unterdrückung und Befreiung erzählt, weil der kulturelle Reichtum, das heißt der Verlust, der sich mit ihr heute verbindet, nicht gerecht bilanziert werden. Aber die Epoche der gleichsam natürlichen Überlieferung geht ohnehin zu Ende. In vielen Familien ist eine kochende Mutter bereits ein Bild aus dem Gestern, ein nostalgischer Abglanz ferner Vergangenheiten, und dasselbe gilt für heutige Familienbilder, aus denen der Tisch, zum gemeinsamen Essen gedeckt, fast schon verschwunden ist.

Die Beschäftigung mit dem Essen, man möchte sagen: seine Pflege, gilt der Mehrheit der Deutschen heute nicht mehr viel, und dieses Buch wird diese These ausführlich belegen. Das Essen und seine Weiterungen sind nicht mehr der selbstverständlichen Allgemeinbildung zugeschlagen; es wurde vielmehr längst Stück für Stück an Spezialisten delegiert, der Arbeitsteilung überantwortet, aus dem Alltag verdrängt, und es wird mittlerweile entweder als lästige Notwendigkeit wohl oder übel verrichtet oder als Freizeitspaß missverstanden.

Es ist eine klar sichtbare historische Linie, dass die Belange des Essens im Verlauf der Geschichte aus unserer unmittelbaren Lebenswelt immer weiter hinausgedrängt wurden. Nachvollziehbar noch, dass einst die lebenden Tiere aus dem direkten Lebensumfeld ausschieden; verständlich auch, dass die Schlachthöfe aus dem Zentrum der Städte an deren anonyme Ränder rückten. Schwer zu begreifen aber ist, warum nun auch die weitere Verarbeitung, die Zubereitung des Essens, das Kochen selbst Stück für Stück aus dem Alltag verschwinden und einer spezialisierten Industrie überantwortet werden.

Wieviel muss man über Essen wissen? Das kommt auf die eigenen Ansprüche an. Wer seine Körperfunktionen aufrechterhält, indem er den Tag mit einem probiotisch frisierten Trinkjoghurt beginnt, mittags ein belegtes Baguette beim Supermarktbäcker kauft, nachmittags einen aus Neuseeland eingeflogenen Apfel isst und sich abends eine Tiefkühlpizza in den Ofen schiebt, wird wohl oder übel überleben, ohne sonderlich viel über Essen und Ernährung lernen und wissen zu müssen. Die Frage ist nur, ob damit auch die Voraussetzungen für aufgeklärte Zeitgenossenschaft, geschweige denn für ein gelingendes Leben geschaffen sind.

Denn Essen hat viel mit gelingendem Leben zu tun. Auswahl und Zubereitung von Essen sind eine Schule der Natur und vieler Handwerkstechniken, wie es keine andere gibt, es lässt uns den Reichtum des Lebens buchstäblich begreifen und in der Begegnung mit rohen Produkten eine Authentizität erleben, die in unserem Alltag rar geworden ist. Betrachten wir nur einen Menschen, der sich nach langer und mühsamer Ausbildung endlich einen Koch nennen darf: Tatsächlich muss er zu den gebildetsten aller Menschen gezählt werden, weil er unendlich viel weiß über Pflanzen, Kräuter, Tiere, weil er die Macht des Feuers kennt und weil er dieses Wissen wieder und wieder neu zusammenknüpft zum Besten seiner Mitmenschen.

Ein guter Koch kennt Fische ohne Zahl, es mögen Lachse sein, Brachsen, Barsche, Karpfen, Forellen, Heringe, Doraden, Schollen, Sardinen, Steinbutte, Aale, Knurrhähne, er braucht Kenntnisse über Feldfrüchte, über Gemüsequalitäten, über den Sortenreichtum von Getreide. Ein Koch erkennt das Fleisch der Nutztierrassen an Farbe, Maserung, Geruch, er kann unterscheiden zwischen Tieren aus Irland, aus Holstein, aus Graubünden, aus dem Limousin, er kennt sich aus mit der Aufzucht von Schafen, mit der Anatomie von Schweinen und Hirschen, mit dem Gefieder von Enten und Hühnern. Auf Wiesen findet er wohltuende Gräser, aromatische Kräuter, genießbare Blüten, an Bäumen und Sträuchern findet er Obst und Nüsse, in Wäldern Pilze,

Schwämme und Beeren. Ein guter Koch ist ein Bauer und ein Fischer, ein Jäger und Sammler, ein Botaniker und Veterinär, und hat er die Natur einmal ganz durchschritten und seinen Warenkorb gefüllt, seine Rohware sortiert, sein großes Mise-en-place organisiert, beginnt die eigentliche Arbeit erst, eine Arbeit mit hundert Instrumenten und Geräten um ein Feuer, und dann wird er zum Schlachter, zum Metzger, zum Bäcker, zum Poissonier und zum Rotisseur, zum Physiker, zum Chemiker, denn dann pariert er, farciert er, filetiert und montiert er, er brät und bäckt und dämpft und kocht, er gratiniert, sautiert und grillt und würzt, und dann, erst dann – kann endlich gegessen werden.

Von solcher Vielfalt wissen wir heute in der Regel nicht mehr viel, das beginnt bei den Kindern, die aufwachsen mit immer gleichförmigerer Nahrung. Geboren in eine Welt der global agierenden Konzerne, teilen sie bald die Sehnsucht nach den gleichen Schokoriegeln, den gleichen »Cerealien«, Joghurts, den gleichen Hamburgern und Hühnerfleischteilchen. Ob Jakarta, Cleveland oder Oldenburg, die uniformen Multis sind immer schon da, und sie definieren, eingewoben in perfekte Marketingstrategien, was auf den Kindertellern liegen muss. Schwer zu sagen, warum sich Eltern zu Komplizen der Industrie machen, aber sie tun es, indem sie aufgerissene Mikrowellenschalen für adäquates Essen halten, und so wirken sie entscheidend daran mit, ihre Kinder in Sachen Essen unmündig zu halten. Denn Essen und das ihm so nah verwandte Schmecken sind ein langwieriger Lernprozess von der ersten Lebensminute an, ein großer Entwicklungsroman, in dem jeder Einzelne sein eigener Held ist, und viel, sehr viel hängt davon ab, was in den ersten Kapiteln erzählt wird.

Sehr wahrscheinlich ist verfeinertes Schmecken dem verfeinerten Hören vergleichbar. Wer im Humm-Tata der Volksmusik stecken bleibt, wird komplexere Musik als bedrohlich empfinden müssen, weil Gehör und Gehirn auf derartig intellektuelle Angriffe nicht gefasst sind. Ähnlich beim Essen. Wer über Leberwurst und Mexikopfanne nicht hinauskommt, wer auf das Humm-Tata aus künstlichen Geschmacksverstärkern geeicht ist, muss vor feineren, einfacheren, gewagteren Kombinationen kapitulieren. Unfassbar für den kulinarischen Analphabeten, wenn in seine Speise unerwartet Bitteres hineinspielt, wenn sich süße Töne vernehmen lassen, wo er sie nicht erwartet, und so kann der ungeübte Esser, statt sich vom Neuen genießerisch überraschen zu lassen, immer nur eine Regelverletzung feststellen, die er nicht verkraftet und folglich ablehnen muss. In Sachen Essen stimmen, anders gesagt, bedauerlicherweise gleich zwei grobe deutsche Sprichwörter: Was der Bauer nicht kennt, … und, schlimmer noch: Was Hänschen nicht lernt …

So haben Eltern eine größere Verantwortung, als sie gemeinhin wahrhaben wollen. Ihnen ist es gegeben, die Genussfähigkeit ihrer Kinder, ihr Qualitätsbewusstsein zu fördern oder verkümmern zu lassen. Damit ist nicht gemeint, Eltern sollten sich dem sinnlosen Unterfangen widmen, Kindern gutes Essen irgend »einzutrichtern«, wie dies in den berüchtigten Spinat-Speisungen einst der Fall gewesen ist. Wünschenswert wäre nur, dass Kinder in einer

»kochenden«, essenden Umgebung aufwachsen, dass sie mit frischen Zutaten in Berührung kommen, mit Gemüse, Obst, Fleisch, Fisch, Brot, dass sie Grundprodukte in anderer Form als viereckig erleben, dass sie das Bild dampfender Töpfe nicht nur aus dem Fernseher kennen, dass sie mit den schönen Gefühlen Bekanntschaft machen, wenn in der Küche ein Mensch steht, der für sie das Essen zubereitet, kurz: Kindern sollte die Chance gegeben werden, ihre Sinne zu entwickeln, ihre Nasen, Zungen, Gaumen zu trainieren.

Natürlich: Dies ist die Sprache des Kulturpessimismus, wie sie von jeher das Ende der Zeiten und den allgemeinen Untergang an die Wand gemalt hat. Nur leider gründet sie sich hier auf simple Fakten. Tatsächlich wachsen in Deutschland viele Kinder auf, die die Zahl der eigens für sie aus rohen Produkten vor ihren Augen zubereiteten Mahlzeiten an den Fingern einer Hand abzählen können. Tatsächlich bringt es die deutsche Durchschnittsfamilie heute nur noch zu einer einzigen gemeinsamen Mahlzeit pro Woche. Tatsächlich wenden die Deutschen heute für alle Mahlzeiten eines Tages im Durchschnitt nur noch 40 Minuten auf. Tatsächlich essen die Deutschen jedes Jahr pro Kopf 90 Tiefkühlpizzen, das macht alle vier Tage eine. Es braucht keinen Kulturpessimismus, um über solche Statistiken zu erschrecken. Sie sind objektiv erschütternd, weil sie schon nicht mehr von einem Kulturverfall, sondern bereits vom Ende einer Kultur, die das Essen einmal war, erzählen. Was soll man davon halten, dass in Deutschland heute engagierte Menschen mit ambulanten »Sinnesparcours« durch die Schulen tingeln, um die Kinder mit Gerüchen, Geschmäckern und überhaupt: Nahrung bekannt zu machen? Ist das ein Fortschritt? Oder ist es nicht der deprimierendste Ausdruck der Krise?

Jeder darf sich selber überprüfen, wie bewusst oder unbewusst er sich durchs Leben futtert und wie viel oder wenig er noch über sein Essen weiß. In welcher Form wächst Rosenkohl? Wo kommt der Wacholder her? Wann sind die Pflaumen reif? Wie paniert man ein Schnitzel? Wie lang muss eine Gans in den Ofen? Wie alt ist ein Rind, wenn es geschlachtet wird? Wie groß ist eine Hühnerfarm? Das sind einfache, naheliegende Fragen, die uns direkt, direkter als andere Probleme, betreffen. Aber sie werden nicht mehr gestellt. So schrumpft das ohnehin höchst lückenhafte Allgemeinwissen über unser Essen immer weiter, und das heißt: das Wissen über unsere Natur, unsere Umwelt und über die Konsequenzen unserer eigenen, alltäglichen Lebensweise. Dass in München Einkaufskurse für Singles stattfinden, die sich von Führern das Angebot im Supermarkt erklären lassen, mag ein Spitzlicht sein; aber es beleuchtet die Szene gut.

Man muss nur die aktuelle Situation betrachten: Eben jetzt, auf dem Gipfel der Technisierung des Essens, wollen wir, aufgeschreckt durch die großen Skandale, schnell die romantische Rückkehr zur Natur beginnen und erzwingen, Zauberlehrlinge natürlich, und wir legen uns nicht einmal Rechenschaft darüber ab, welchen Preis wir dafür entrichten wollen. Am liebsten hätten wir alles gratis – Fleisch nach Belieben, von glücklichen Tieren, aber billig und ohne Massentierhaltung; ein Ei jeden Tag, aber keine Legebatterien; große Kartoffeln, aber ohne Düngereinsatz; hundert Varianten Pizza, aber keine Lebensmittelindustrie; Pralinen und Liköre satt, aber kein Übergewicht. Wir wollen nichts wissen – wir wollen nur alles haben. Und wir wollen die Konsequenzen aus unserem Lebensstil nicht zur Kenntnis nehmen. So haben wir uns bewusstlos in einen Zustand der Unaufgeklärtheit hineingefressen – und all das Nichtwissen verfestigt sich nun zum großen, allgemeinen Unbehagen, zur Traurigkeit im Überfluss, zu Ratlosigkeit in der Vielfalt, Dekadenz im Reichtum. Aber wirklich ändern wollen wir nichts.

Wir ziehen uns lieber auf fromme Lügen zurück wie jene, dass das gute, qualitätvolle, ökologisch produzierte oder traditionell hergestellte Essen »zu teuer« sei. Aber in Wirklichkeit haben sich im Laufe der Jahrzehnte die Esswaren generell nicht verteuert, sondern stark verbilligt; in Wirklichkeit haben sich unsere Prioritäten verschoben. Normal finden es die allermeisten, dass sich die Deutschen für Stereo-Anlagen, Panorama-Fernseher, Autos und Urlaubsreisen auf halbe Leben hinaus verschulden. Als unverschämt aber gilt es, wenn ein Liter Milch, vernünftig hergestellt, und das heißt auch: mit Respekt für die Nutztiere, 20 Cent mehr kostet als die Industrieware; wenn Karotten, ungedüngt und ungespritzt gezogen, womöglich doppelt so teuer sind wie ihre fernen agrarindustriellen Verwandten, wenn ein Kilo bestes Fleisch von einem freundlich behandelten Rind 40 Euro kostet.

Man muss sich vor Augen führen, dass deutsche Haushalte in den fünfziger Jahren glatt 50 Prozent ihres verfügbaren Einkommens für Essen ausgaben (und ausgeben mussten); heute wenden sie dafür im Durchschnitt nur noch 12

Prozent auf. Tatsächlich, während sich der Preis für ein Paar Schuhe seit 1962 vervierfacht hat, kostet ein Kilo Rindfleisch heute nur zweimal so viel wie damals. Das Essen ist in unserer Gesellschaft zu einer Ramschware geworden, weil wir es zuließen, dass es einem Preiskampf gegen x-beliebige andere Konsumwaren ausgesetzt wurde. So wurde unser Essen in der modernen Konsum- und Freizeitgesellschaft fast zu einem störenden Element, zu einer nur noch notwendigen, aber letztlich ungeliebten »Aktivität« neben anderen, deren Spaßfaktor wir in der Regel höher veranschlagen und für die wir deshalb mehr Geld auszugeben bereit sind.

Aber das ist die Größe und das Elend unserer Zeit: dass der Einzelne in Freiheit lebt, aber ohne Richtung, dass jeder sich aus Geschichte lösen kann, aber ohne Traditionen unmerklich den Boden verliert, dass der Kulturbegriff kurzatmig wird und die Kultur, voran die Esskultur, ihre prägende, versichernde, die Psyche stabilisierende Kraft einbüßt. Denn Essen ist eine versichernde Macht, und es ist ohne Geschichte, ohne Tradition, ohne kulturelle Bildung nicht erlebbar. Es ist auch nicht begreifbar nur mit dem Verstand. Sein gewissermaßen magischer Mehrwert kann nur erfühlt, erlebt, geschmeckt, genossen werden, immer spielen mythische, psychische Rätsel mit hinein wie die Überführung des Rohen ins Gekochte oder das Rituelle des Tieropfers, und diese Prozesse laufen selbst dann unweigerlich ab, wenn wir nur in ein Schinkenbrötchen beißen. Aber dies ist kein philosophisches Buch.

Es ist ein praktisches, journalistisches, und das will positiv gemeint sein. Es gründet auf Beobachtungen, es versammelt

Fakten, die es zugleich in essayistischer Form interpretiert. Es ist nicht wissenschaftlich, weil es sich nicht aus Kategorien ableitet und keiner Theorie folgt. Es ist somit beliebig, einerseits, aber andererseits festgelegt auf eine Hypothese: dass sich im Essen unser ganzes Leben abbildet. Dass Glanz oder Elend der Esskultur fast alles über den Zustand einer Gesellschaft verraten.

Man besehe sich nur den Stand des Essens im deutschen Osten. Das Land zwischen Elbe und Oder wurde mit dem Mauerfall sofort zum Aktionsfeld der Großbrauereien, Lebensmittel-Multis und aller denkbaren Fertig-Food-Hersteller. Der kulturelle Rückstand, in 40 Jahren DDR noch weiter angewachsen nach dem totalen Kulturabbruch der »Eintopfsonntage« des Dritten Reichs, sollte nach dem Ende der SED-Despotie naiv gläubig durch einen technologischen Sprung eilig wettgemacht werden – mit den nun begehbaren Folgen.

Das schöne Ausflugslokal im Berliner Umland, malerisch gelegen, hält sich als Küchenchef in der Regel einen Menschen, der Tüten aufschneidet und in Mikrowellengeschirr umfüllt; der Biergarten unter Kastanien im Oderbruch lässt die neuesten Convenience-Erfindungen im tiefen Teller schwappen; der Pfifferlingrahm, die Waldpilzsuppe, der Preiselbeerschmand, der Bratenjus – ihre Köche sitzen weit weg in Versuchsküchen, arbeiten wohl noch mit Köchen zusammen, haben aber nicht selten Titel wie Dr. rer. nat oder Dipl.-Ing. Sie machen den Koch zum Handelsvertreter ihrer in beliebiger Menge multiplizierbaren, aromagesättigten Billigspeisen, deren Turbo-Geschmack die Gäste des natürlichen Geschmacks guter Grundprodukte entwöhnt. Gaststätten, teils jahrhundertealt, schwenken von Herd auf Mikrowelle um. In Thüringen etwa, einst eine der hochzivilisierten Regionen Europas, betritt der Reisende zahllose Restaurants, die ihre Braten und Fische fix und fertig aus dem ewigen Eis der Tiefkühlindustrie beziehen, und die sich selbst noch die als »Sättigungsbeilage« gern gereichten Kartoffelklöße von anonymen Herstellern vorkochen lassen.

Absurd zu meinen, dies sei nötig, um den gastronomischen Betrieb aufrechtzuerhalten, absurd auch zu denken, die Kundschaft wolle es so, wolle den Schwindel der 1001 »internationalen Spezialitäten« in buchdicken Speisekarten, wo doch vier, fünf frisch und sauber gekochte Gerichte beim Bezahlen der dann zwangsläufig höheren Rechnung ein viel befriedigenderes Gefühl hinterließen. Gier, nicht Gastfreundschaft ist in die Gesichter vieler Wirtsleute heute gemalt, sie verspielen den Ehrentitel des Gastwirts, mögen auch lügenhafte Tafeln vor der Tür noch behaupten: Hier kocht der Chef. Gemeint ist in Wahrheit: Big Brother is serving you.

Aber Vorsicht: Auch im Westen Deutschlands, wo die Unterstellung noch gilt, es werde in den Restaurants gekocht, wird immer häufiger auch nur noch aufgewärmt. Die Betreiber haben sich lediglich die Rhetorik und die Inszenierung guten Essens bewahrt, das zugehörige Handwerk aber längst vergessen. Im Frühjahr die »Spargelwochen«, im Sommer die »Pfifferlingtage«, im Herbst die Wildkarte – sie zitieren oft nur noch, was einst Wirklichkeit gewesen sein mag. Auf dem Teller aber stapelt sich strohiges Gemüse unter Kunst-Hollandaise, Pilze verschwinden unter Pampen aus Verdickern und Geschmacksverstärkern, und man möchte nicht ganz genau wissen, wie oft das Räucherspeckaroma am Wildschweinbraten aus der Plastiksprühflasche kommt. Es ist doch so: Es muss als unwahrscheinlich gelten, dass von einem Land, dass sich so schlecht abspeisen lässt, auf Dauer viel Gutes zu erwarten ist. Aber glücklicherweise ist die Lage vielgesichtiger, als es solche Klagen vermitteln.

Der generelle Befund für Deutschland mag nicht rosig ausfallen; aber es hat sich doch, im dumpfen Massenkonsum, auch immer eine stattliche Gruppe von Menschen behauptet, denen die Angelegenheiten des Essens wichtiger waren als die Couchgarnitur aus Leder. Die auf das neueste Mobiltelefon verzichteten und stattdessen das Geld für ein gutes Essen verjubelten. Diese Genussmenschen, in Deutschland von jeher feindselig beäugt und mit dem Fluch zu dauernder Rechtfertigung belegt, haben sich unbeirrt ihre Inseln erobert und sie gehalten, und sie haben auf ihre Weise viel zur Zivilgesellschaft beigetragen. In der esskulturellen Wüste Deutschland blühen mittlerweile viele Oasen, auch im Osten, es mögen Bauernmärkte sein, Delikatessentempel oder mit Michelin-Sternen dekorierte Restaurants. Sie stehen ein für die dünne, verfeinerte Linie des Essens in Deutschland, die nie ganz abgerissen ist und immerhin eine feine Lichtspur ins große Dunkel legte.

Denn Essen ist, vor allem anderen, die schönste, abwechlungsreichste und am häufigsten wiederkehrende Notwendigkeit unseres Lebens, mögen es die Deutschen auch vergessen haben. Es herrscht ein seltsamer, verdruckster Geist, der es vielen Zeitgenossen verbietet, sich frei und ausgiebig dem Genuss hinzugeben. Man schaue nur kurz über die Landesgrenzen, um zu sehen, dass Kulturgeschichte auch glücklicher verlaufen kann. Kein Franzose, der nicht an Feiertagen getrüffelte Gänsestopfleber für sich reklamierte, kein Italiener, der den Besuch im Drei-Sterne-Tempel für eine abzulehnende Überspanntheit von Gutbetuchten hielte. Anders die Deutschen: Sie haben sich, nach dem Krieg, vor allem darauf konzentriert, die (kulturelle) Armut gerecht zu verteilen, statt den Reichtum zu demokratisieren. Sie nahmen das Geld nicht fürs gute Leben, sondern für Investitionen in »bleibende Werte« von Bügeleisen bis Mittelklassewagen. Sie entfremdeten sich so dem Genuss, der Lust und der Freude am Essen, das sich in fruchtlosen Neiddebatten zerredet fand. In ihrem Verlauf entwickelte sich die sehr deutsche Figur des bekennenden, ideologischen Feinschmeckers samt den zugehörigen Zeitschriften.

Über solche Phänomene liefert dieses Buch Material. Es beschreibt, was heute vorgeht rings um unsere Tische und Teller, seine Fragen drehen sich um die Art unserer Feste. Es beschäftigt sich wiederholt mit der erstrangigen Kulturtechnik des Kochens, die in Zukunft in Deutschland einen immer geringeren Stellenwert haben wird. Dagegen spricht übrigens nicht, dass heutzutage auf allen Kanälen des Fernsehens Prominente und Unbekannte in leuchtenden Studios ihren Zuschauern vorkochen, im Gegenteil. Schon die Sendezeiten der Kochshows, am späten Vormittag, am frühen Abend, legen den Verdacht nahe, dass hier das Kochen nicht fördernd begleitet, sondern glattweg ersetzt wird. Die

Köche im Fernsehen, sie mögen Biolek heißen oder Klink, Lafer oder Schubeck, figurieren in einem Prozess, den man anhand von TV-Serien bereits studieren konnte. In dem Maß, in dem etwa Pfarrer, Nonnen oder der gute alte Hausarzt aus unserer realen Lebenswelt verschwanden, kehrten sie im Fernsehen als nostalgische Wiedergänger zurück, so dass sich sagen lässt: Je mehr Köche im deutschen Fernsehen zu sehen sind, desto schlechter dürfte es um den wahren Zustand des Kochens im Land bestellt sein. Die Köche, das Essen, sie werden in einer Gesellschaft, in der die Alarmklingel des Mikrowellenherds die Tischglocke früherer Tage ersetzt hat, in gewissem Sinne melancholisch eingefärbt und museal.

Ins Museum gehörten auch sämtliche Diäten, die je über Deutschland hinwegrauschten. Sie sind eine wichtige Facette im Problemkreis Essen, weil an ihnen klar wird, wie beharrlich wir klar erkannte Schwierigkeiten immer wieder mit »weißer Salbe« zu heilen versuchen. Es wird deshalb auch beschrieben werden, wie wir uns mit den liebevoll so genannten »Pfunden« quälen, die in Wirklichkeit nicht nur das ganze Gesundheitssystem stark belasten, sondern uns vor allem schwer auf der Seele liegen. Immer mehr Jugendliche fressen sich heute krankhaftes Übergewicht an, mit dem sie in der Regel ein Leben lang zu kämpfen haben werden. Es ist diese Entstehung der »Generation XXL«, wie sie der *Spiegel* nannte, eine paradoxe Entwicklung, wo doch die Schönheitsideale völlig andere Rollenmodelle entwerfen. Das zugehörige Kapitel wird erörtern, wie und warum wir uns Diäten auferlegen und dass wir es letztlich vor allem tun, um nur immer so weitermachen zu können wie bisher. Es wird gezeigt, wie wir uns mönchisch geißeln, nur um danach umso fetter völlen zu können, wie wir nach »Wellness« gieren und wie wir bei all dem zu kulinarischen Analphabeten werden, die neuen Gurus huldigen, die mit ihren Wunderplänen zu heilen versprechen.

Am Beginn steht der Blick auf die Skandale unserer Zeit und auf die industriellen Verfahren der Fleischproduktion. Das ist nicht eben aparter Lesestoff. Aber ohne diesen Gang durchs Dunkle hätte alles Folgende keinen Halt; ohne ihn wäre die ganze Darstellung fahrlässig heiter. Wir müssen dieses Hässliche schon zur Kenntnis nehmen, wenn wir es ändern wollen, aber auch, um das Schöne, das sich uns bietet, besser einschätzen zu können. Wir müssen um die Grundwidersprüche wissen, damit wir vernünftig über unser heutiges Essen sprechen können. Es muss uns deshalb daran liegen, das kurzatmige Geschrei über die jeweils aktuellen Skandale zu beenden, ebenso das dünne Gerede über gesunde Ernährung, wie es uns von Krankenkassen, Gesundheitspolitikern und anderen wohlmeinenden Organisationen vorgekaut wird. Wir müssen, kurz gesagt, ganz anders ran an diesen Speck. Wir müssen, in Wahrheit, zu den Wurzeln der Esskultur zurückfinden, uns ihren unermesslichen Wert neu bewusst machen und sie am Ende wieder in die Tat umsetzen – am besten, indem wir wieder den Kochlöffel in die Hand nehmen und alle, die gerade greifbar sind, zum Gastmahl laden.

Aber das Gastmahl, heute gern »Kochen mit Freunden« genannt, dümpelt auf einem Niveau, das aller Gastfreundschaft Hohn spricht. Es mag noch Menschen geben, die sich für ihre Lieben stundenlang in die Küche stellen, nachdem sie stundenlang die Zutaten des Menüs besorgt haben, das sich schließlich stundenlang bei Tisch entfalten kann. Die Regel aber sieht anders aus: Der Herstellung von Essen weit entfremdet, tischen heute viele Deutsche selbst ihren besten Freunden nur noch Industrieware auf. 80 Prozent aller Esswaren, die wir verzehren, stammen aus dem Supermarkt, in dessen Angebot sich Glanz und Elend der heutigen Zeit besonders klar spiegeln. Die ersten großen Lebensmittelläden, die vor vier Jahrzehnten ihre Türen öffneten, führten gut 1000 unterschiedliche Produkte – und wurden wie Filialen von Schlaraffenland bestaunt. Wir können heute, in gut sortierten Supermärkten, aus 8000, 9000 Waren wählen, und täglich kommen neue »Produktinnovationen« hinzu, die unseren Speiseplan bereichern wollen. Ist es »unser« Speiseplan? Schreiben wir ihn noch? Oder wird er uns längst aufgeschrieben?

Die Welt ist keine so unausweichliche Zumutung, wie wir gerne glauben wollen – trotz alledem. Die große Freiheit mag Utopie sein, aber es sind uns doch eigene Bewegungen immer möglich, eigene Lebensweisen, eigene Entscheidungen, eigenes Essen. Wir mögen in Korsetten zu leben gezwungen sein, gewiss, aber wir sind nicht anonymen Mächten hilflos ausgeliefert. Wer diesen Gedanken schürt, betreibt nur das Geschäft ebenjener anonymen Mächte. Und tatsächlich könnte sich, für jeden und jede von uns, ein Weg auftun, wenn es uns gelänge, im Trubel der Zeiten und ihrer Routinen, im bewusstlosen Abspulen unserer Alltage für einen Moment innezuhalten. Innezuhalten und, sagen wir, eine Apfelsine achtsam in der Hand zu drehen. Oder ein Salbeiblatt zwischen den Fingern zu zerreiben. Oder eine Weizenähre zu zerpflücken. Dem Geschmack eines Löffels Honig nachzuspüren. Wir stünden dann bald, ganz wie von selbst, wie Rainer Maria Rilkes lyrisches Ich vor dem antiken Torso des Apoll, geblendet von seinem perfekten Maß, erschüttert von seiner makellosen Schönheit. Und wie in Rilkes Gedicht, müssten wir am Ende, mit einem letzten Satz erkennen: Du musst dein Leben ändern.

Was essen wir heute?

Menüvorschläge für den Weltuntergang

Glykolwein, Nitrofuranshrimps und verrückte Rinder

Skandale: Ein Rückblick auf 20 Jahre voller Verbrechen am Essen, voller Unglücke und eine Kritik des Katastrophengeschreis

Am 17. Januar 1998 zerfloss das Schwarzweißschema der Schweinezurichter von Losten in Nordwestmecklenburg ins Graue. Der Virustyp »Flandern« hielt Einzug in die Tierfabrik, er kam aus der »schwarzen« Welt draußen, unbemerkt, und er befiel drinnen die so genannte weiße, die vermeintlich keimfreie, die angeblich sichere. Losten war Deutschlands größter Schweinemastbetrieb, eine Kleinstadt gebaut aus niedrigen Wellblechbaracken in Reih' und Glied, hingestreckt über Quadratkilometer in hügelige Landschaft, bevölkert von 62.531 Tieren, angesteckt mit der Pest.

Die Krankheit hatte den doppelten Stacheldrahtzaun überwunden, Schlagbäume und Hygieneschleusen halfen nichts, umsonst hatten sich die 91 Mitarbeiter vor jedem Dienstantritt geduscht und sorgsam desinfiziert, umsonst hatten sie die Kleidung gewechselt und peinlich darauf geachtet, die schwarze und die weiße Welt getrennt zu halten. Nun waren Schilder in den Maschendraht und an die eisernen Tore gesteckt: »Achtung – Seuchengefahr«, und im Innern wütete die Krankheit an den Tieren mit Fieberschüben bis zu 41 Grad, mit Verstopfung, dann Durchfall, dann Schwindel und Schmerzen. Deutschland hatte einen Lebensmittelunfall mehr und bald 62.531 Schweine weniger.

Der Bestand wurde gekeult, nach Vorschrift, das heißt, die Tiere wurden erst mit dem Kopf in große Elektrozangen gespannt und betäubt, dann mit einem zweiten Stromschock in Brusthöhe per künstlichem Herzinfarkt getötet. Im Einsatz waren drei Zangen, rund um die Uhr, zehn Tage lang. Die Männer und Frauen, die sie in 12-Stunden-Schichten bedienten, die die Schweine zuführten, die die Kadaver mit dem Bagger wegschaufelten in Sondermüllcontainer, nannten sich selbst »Tötungskommando«. Im Akkord schafften sie etwa 4500 Schweine pro Tag, knapp 190 pro Stunde. Das zuständige Ministerium des Bundeslandes trauerte um einen großen regionalen Arbeitgeber, um einen »Vorzeigebetrieb«, eine »seuchenhygienisch mustergültige Anlage«, die in Sachen Sauberkeit organisiert gewesen sei wie ein »Hochsicherheitstrakt«.

Der Seuchenausbruch von Losten zählte zwar zu den heftigen, war aber doch nur der 63. in Mecklenburg-Vorpommern innerhalb von sechs Jahren. Vielleicht hatten Wildschweine das Virus an den Zaun gebracht, vielleicht hatte ein Vogel die Pest in die Koben gekotet. »Flandern« vernichtete jedenfalls mit einem Schlag zehn Prozent des Schweinebestands im Landstrich an der Ostsee, ein herber ökonomischer Verlust, und doch konnte die Pestepidemie nur als Unfall mittlerer, wenn nicht sogar minderer Schwere angesehen werden. Katastrophen, so hat die Welt in jenen neunziger Jahren des vergangenen Jahrhunderts gelernt, sehen anders aus.

Fünf Jahre vor Losten, 1993, hauste die Pest in Schleswig-Holstein und in Niedersachsen, 1994 ergriff sie ganz Deutschland, im ersten Quartal allein wurden 1015 Ausbrüche registriert und es mussten am Ende, von der See bis zu den Alpen, 1,3 Millionen Eber, Säue, Ferkel wegen der Pest getötet werden. Es wurde damals Fleisch im Wert von 750 Millionen Euro aus dem Verkehr gezogen, das heißt vernichtet, weggeworfen, als Müll entsorgt. Die Seuche kam 1995 wieder, nach Nordrhein-Westfalen diesmal, sie kam 1997 nach Niedersachsen, Ostwestfalen und ins Münsterland, sie wütete ein halbes Jahr vor Losten verheerend in Holland, sie kam neuerlich nach Mecklenburg und Niedersachsen ein halbes Jahr nach dem Massensterben von Losten, Anfang 1998, und auch 1999 verging nicht ohne neue Fälle von Schweinepest – und immer schlug die Krankheit tiefe Scharten in betriebswirtschaftliche Bilanzen und die volkswirtschaftlichen Gesamtrechnungen.

Die Aufregung blieb dennoch jedes Mal vorübergehend. Im Fall Losten fragten sich die Manager und Verwalter des Fleischbusiness pflichtschuldig, aber ohne im Ernst nach Antworten zu suchen, ohne wirklich die »Systemfrage« zu stellen: Wie konnte das passieren? Die Zeitungsleser fragten sich oder wurden von Kommentatoren gefragt, zwei, drei Tage lang: Was können wir noch essen? Aber imgrunde spielten alle Beiträge nur eine kleine Begleitmusik zu einem im Kern unverstandenen Stück. Sie kaschierten die allgemeine Ratlosigkeit mit kurzatmiger Expertise, die Ohnmacht vor den Verhältnissen mit gescheiter Fragerei. Natürlich fehlte nirgends der Hinweis, dass die Schweinepest, bis heute, für den Menschen als ungefährlich gilt, der Erreger als nicht übertragbar. Dies aber gesagt, war jede Debatte schon beendet, denn so war es und so ist es immer, mit allen Skandalen, Katastrophen, Unfällen im Dunstkreis von Essen, Trinken, Ernährung: Wenn es nur um Tiere geht, nicht aber um Menschen, wenn die Seuchen, Krankheiten und kriminellen Akte Hühner, Rinder, Schweine wegraffen, die Gefahr für den Endverbraucher aber gebannt scheint, erstirbt die Lust an der Analyse, verebben Empörung und Streit – und das Leben geht weiter wie zuvor.

Katastrophe, Skandal, Unfall, im Gespräch über unser Essen sind alle lärmenden Wörter blass geworden. Sie fallen so oft, dass sie nichts mehr besagen. Unfall, so hieß früher einmal die bedauerliche Ausnahme von einer ansonsten intakten Regel. Das Wort trifft auf die Verhältnisse heutiger Lebensmittelproduktion nicht mehr wirklich zu. Tatsächlich braucht Ausdauer und Mut, wer hinabsteigen will in den Sumpf aus Insektengiften, Glykol, Nitrofuranen, Dioxinen, Nikotingasen, Antibiotika, Kadaverbrei, Fischwürmern, Lösungsmitteln, Separatorenfleisch und Pestiziden. Viel Erkenntniswillen braucht es, die Informationen über falsch deklariertes Rehfleisch, verfaulte Würste, verstrahlte Pilze, gepanschten Wein, verbleiten Paprika, benzinhaltiges Mineralwasser, gifthaltige Babykost zu verarbeiten. Aber nur wer die immer kurzlebigeren Skandale zu unterscheiden lernt, wer ihr Aufflackern und Verlöschen, ihre eigenartige

Folgenlosigkeit versteht, begreift auch die Komponenten, aus denen Abhilfe gemacht sein könnte. Man muss durch diese Hölle gehen, um sich Chancen auf ihre Überwindung zu eröffnen.

Eine Chronik der Lebensmittelunfälle, Skandale und Verbrechen lässt sich am Beginn des 21. Jahrhunderts nicht mehr bündig schreiben. Die schiere Masse muss den Plan vereiteln, die Komplexität der einzelnen Vorgänge überwältigt den Betrachter. Wie ein fernes Rauschen sind Einzelfälle noch präsent, sie erscheinen wie abgespeichert in den Hinterköpfen, und die Gesellschaft vergisst sie nicht, gestützt durch die Medien, die bei jedem neuen Vorfall in die Archive greifen und das Aktuelle mit historischen Zeitreihen, sprich: Skandalchronik bunt illustrieren.

Manche Fälle halten sich länger frisch, sie werden erzählt und weitergereicht in der Kette der Generationen wie mythische Stoffe, besonders dann, wenn sie die allgemeine Misere symbolhaft verdichten. So scheint es nicht so lange her zu sein, dass Chemiker im Jahr 1985 das Frostschutzmittel Diethylenglykol in burgenländischen Spätlesen, später auch in deutschen Weinen fanden, fruchtige Tropfen der Jahrgänge 1979 bis 1984, »samtig« gemacht, heillos gepanscht, gewürzt mit teilweise tödlichen Dosen Glykol. Deutlich noch schillert auch die Erinnerung an salmonellenverseuchtes, auch radioaktiv verstrahltes Milchpulver, das nach dem Tschernobyl-GAU 1986 seine arglosen Abnehmer fand, fast unbemerkt blieb damals dagegen noch die aus Großbritannien gemeldete Entdeckung einer neuen Tierkrankheit: die »bovine spongiforme Enzephalopathie«, kurz BSE genannt.

Die Meldung war zu klein, und sie blieb zu abstrakt, zunächst, als dass sie allgemein begriffen, geschweige denn gefürchtet werden konnte.

Das Gedächtnis unterscheidet die Skandale fein. Leise, aber deutliche Erinnerungen weckt der westfälische Kälberzüchter Hying, der im Jahr 1988 Clenbuterol, Testosteron und andere Hormone an seine Tiere verfütterte. Sehr präsent sind noch, aus demselben Jahr, die Bilder von glasigen Würmern, die sich in Fischfleisch auf Leuchttischen krümmen wie lebendige Reisnudeln, dünn dagegen wehen die Warnungen herüber vor Lösungsmitteln in Olivenöl, vergessen ist der Fund von Beruhigungsmitteln in Schweinen aus Rheinland-Pfalz, vergessen die Benzolfunde 1990 im Mineralwasser Perrier. Vage nur lässt sich noch ein Gefühl abrufen über umverpackte Fleischwaren weit jenseits des Verfallsdatums, »Ekelfleisch«, das 1993 Österreich in Atem hielt, kaum ein Eindruck ist geblieben vom Benzin in Mineralwassern der Marke »Römerwall« 1994. Man fand damals auch hochtoxisches Rostschutzmehl in ungarischem Paprika, Pestizide und Fungizide in Babynahrung, im Jahr darauf Arsen in Babysäften und Milcheiweiß in »milchfrei« deklarierten Kinderbreis der Marke »Humana«. Die auf deutsche Herkunft umgefälschten Hähnchen von 1995 hat die Geschichte geschluckt, nurmehr als Randnotiz erscheint auch der Befund der baden-württembergischen Lebensmittelwächter von 1996, dass fast ein Fünftel des im Land verkauften Rehfleischs eigentlich Antilope war, dass zeitgleich Eier »aus Freilandhaltung« mit Nikotingehalt ruchbar wurden und solche mit dem Tiermedikament Ronidazol.

Es bleiben wenige Namen. Anton Pohlmann etwa, der berüchtigte »Hühnerbaron« aus Niedersachsen, ein in allen Instanzen verurteilter Tierquäler, der das Agrobusiness betrieb wie ein Warlord, der in seinen Farmen alle Ethik in der Nutztierhaltung fahren ließ und seine Legehennen nur nach Millionen zählte, verbrauchte, verramschte und vergaste wie ein kleiner, furchtbarer Gott. Aber auch Pohlmann wird einst Episode sein, ein Name nur, vergänglich in der Zeit, ein Glied in der endlosen Kette der Desaster, im absteigenden Ringelreihen der Lebensmittelskandale.

Wer weiß noch, dass sich 1996 die Erreger der Hirnhautentzündung in Mascarpone fanden? Dass 1997 das Lösungsmittel Trichloranisol in Coca-Cola schwamm mit einem Geruch nach fauligen Zitronen? Wer kann sagen, dass es 1999 war, als in Belgien der große Dioxin-Skandal losbrach, mit Funden in Hühnern, Eiern und Eiprodukten und bald auch in Schweinen, weil die Futterhersteller ihre Ware mit industriellen Altölen und Kühlflüssigkeiten streckten? Wer kann sich noch an die Anekdote vom November 2000 erinnern, als ein verblüffter Kunde in Hessen ein Stück frischen Heilbutts in den Laden zurückbrachte, weil es im Dunkeln leuchtete (aufgrund phosphoriszierender Bakterien)?

Namen- und zeitlos sind die Skandale um gepanschte Olivenöle geworden, um belastete Tees, unübersehbar zahlreich sind mittlerweile die Antibiotikafunde in Garnelen und Fischen aus Indien, in Hühnern aus Thailand, mit denen der europäische wie der deutsche Markt längst reich bestückt werden. War es 2002, als verseuchte Fischabfälle in Deutschland zu Tierfutter wurden? Als sich Antibiotika im Kalbfleisch fanden? Nitrofurane in Garnelen? Rindereiweiß in Hühnerbrüsten, dorthin gelangt durch »Flüssigwürze« genanntes »Fremdwasser«, mit dem das Fleisch aufgeschwemmt wird zur Gewichtserhöhung? Wann geriet das Toluol in die Kaffeesahne? Wer fälschte das Apfelsaftkonzentrat? Wo kamen die Listeriosebakterien in den Rotschmierekäse? Wieviele Schinken aus Niedersachsen werden zu Südtirolern? Wer streckte Butter mit Rindertalg? Wieviel Schimmel haust im Biobrot? Wieviel Nitrofen gelangte 2003 in den Ökoweizen? Und was ist von Acrylamid in Pommes frites, Keksen und Knäckebrot zu halten? Was, um Himmels willen, können wir noch essen? Was unseren Kindern geben? Woran werden wir nicht krank? Welche Nahrung ist nicht unrein, vergiftet, belastet?

Solche Fragen vagabundieren in den entwickelten Industriegesellschaften am Beginn des 21. Jahrhunderts, es sind Fragen wie kurz vor dem Jüngsten Tag. Der Verlust des Überblicks, die insgesamt unernst zu nennende Herangehensweise von Bauern, Fischern, Züchtern, Mästern, Herstellern, Händlern, Politikern und der Öffentlichkeit insgesamt werden bezahlt mit stetig wachsendem Unbehagen, mit anschwellender Angst. Es täte Not, eine gesellschaftliche Debatte über unser Essen zu führen, die Sache aufzufächern, ihre Facetten anzusehen, statt immer nur gebannt auf die ganze, fürchterliche Fratze zu starren. Denn bei Licht betrachtet wird aus den genannten Zutaten nur scheinbar ein Eintopf namens Weltuntergang. Das Zeitgefühl will ihn immerfort servieren, zumal in deutschen Landen, die von jeher im Melancholischen zu Hause und in den Untergang verliebt sind; aber der Verstand müsste diesen Eintopf versalzen.

Die »Würmer im Fisch« etwa liefern Anschauungsmaterial für einen letztlich gemachten Skandal. »Monitor«, das ARD-Fernsehmagazin, warf ihn auf im Juli 1987 mit einem Beitrag über Wurmlarven in Därmen und Muskeln von Seefischen. Es hieß, und es wurden dazu auch Zeugen vernommen vor laufender Kamera, die Würmer könnten Darmentzündungen beim Menschen hervorrufen. Die zugehörigen Bilder des Films, wie aus einem zoologischen Lehrfilm, trafen ins Zentrum menschlichen Ekels; sie zeigten gewissermaßen »lebendes Fleisch« in der Pfanne, durchsetzt von madenartigen Fäden, zwei Zentimeter lang, Schreckbilder parasitären Befalls, der Zuschauer blickte schockiert ins Fischfleisch und assoziierte die Gänge seines eigenen Gedärms. Der deutsche Fischkonsum brach ein wie nie, das Thema beherrschte die öffentliche Debatte über Monate, es hagelte Umfragen, Expertisen, geharnischte Kommentare, die Politik besetzte umtriebig das Feld, man änderte Vorschriften, sprach Mahnungen und Warnungen aus, verfügte Kontrollen, verschärfte Bestimmungen.

Tatsächlich erkrankten, soweit bekannt, zwischen 1982 und 1987 in Deutschland zehn Menschen an Nematoden im Frischfisch, im selben Zeitraum – man bedenke – erkrankten über 200.000 Menschen an Salmonelleninfektionen. Das Ausmaß der Aufregung über und der Aktivität gegen die Würmer stand in keinerlei Verhältnis zum Anlass. Die Fischnematoden waren, gemessen an den Risiken, denen sich der Mensch in moderner Gesellschaft ständig aussetzt, zu keinem Zeitpunkt eine nennenswerte Gefahr, sie waren eher ein exotischer Witz aus dem Tierreich und nebenbei eine Karikatur vom Aufklärungswillen kritischer Medien.

Offenkundig aber entfalteten die Würmer Symbolkraft weit über ihr unspektakuläres Parasitenleben hinaus. Es scheint, als hätten sie ein ohnehin vorhandenes, verbreitetes Unbehagen am Zustand unserer Nahrung (und der ganzen Welt) bebildert und skandalös bedient, als hätten sie dem allgemeinen Missmut über Missstände in der Nahrungs-, Genuss- und Lebensmittelindustrie eine Adresse gegeben. Die Heftigkeit der Reaktionen legt zugleich nahe, dass die schiere Enttäuschung hineinspielte, Trauer und Wut darüber, dass nun auch eines der letzten als »rein« empfundenen, unberührten, rundweg gesunden Nahrungsmittel, eben der Fisch, nicht länger als unproblematisch gelten sollte.

Der Wurmalarm stellt sich gleichwohl in der Rückschau heraus als eine Irreführung mit anschließender Autohypnose größten Ausmaßes, er zog sinnlos Energie auf sich, die anderweitig – etwa für die Aufklärung über Salmonellen – viel besser eingesetzt gewesen wäre. Gäbe es Lehren aus solchen Vorgängen, hier hießen sie, dass jedweder Skandal schnell und rational auf seine materiellen Gehalte geprüft werden müsste, ehe er sich überhaupt in die massenmediale Manege schwingen darf. Aber es gibt solche Lehren nicht, und gäbe es sie, hielte sich niemand daran. Medien funktionieren, wie sie funktionieren, es hat keinen Sinn, darüber zu jammern, und man darf sagen, »Monitor« funktionierte als Fernsehmagazin sehr gut. Uns Zeitgenossen, die wir zur materiellen Überprüfung der Vorfälle de facto keine Chance haben, bleibt angesichts immer neuer Skandale zunächst tatsächlich nur die Besinnung auf die hergebrachten Methoden vernünftiger Weltwahrnehmung. Skepsis, Gelassenheit und der Abgleich mit eigener Lebenserfahrung sind allein oft schon geeignet, den Ritt durch die Wellen der Empörung besser zu meistern, sie allein taugen oft dazu, die Liste der Skandale und Ärgernisse zu verkürzen, sie können dem Eintopf namens Weltuntergang nicht wenige Zutaten entziehen. Wenn bleihaltige Pilze erst dann gesundheitsschädlich werden, wenn man sie über Monate hinweg täglich und pfundweise zu sich nimmt, dann muss sich niemand über bleihaltige Pilze wirklich sorgen.

Es bedürfte einer aufwändigen Recherche herauszufinden, welche und wieviele Skandale der Vergangenheit derart unberechtigt geschürt wurden wie die Fischwurm-Affäre. Nur zu mutmaßen ist, dass es nicht wenige waren. Und dieses Feld ist weit: So wäre etwa der physikalisch-chemische Fortschritt einzurechnen, der die Nachweisgrenzen für unerwünschte Stoffe in der Nahrung immer weiter gegen null verschiebt. Die Analysemöglichkeiten sind mittlerweile derart fein, dass Mengen im Pikogramm-Bereich nachweisbar geworden sind. Ein Pikogramm aber ist ein Millionstel Milligramm. Die Nadel im Heuhaufen hätte in dieser Nanowelt das Aussehen eines gewaltigen Stahlträgers – und tatsächlich könnte ein Stück Würfelzucker, aufgelöst im Bodensee, in 2,7 Billionen Litern Wasser, mit heutigen Messmethoden zweifelsfrei nachgewiesen werden. Ist der Bodensee, polemisch gefragt, deshalb gefährlich für badende Diabetiker?

Es sind dies Zahlenspielereien, gewiss. Sie erlauben aber den Schluss, dass uns die naturwissenschaftliche Entwicklung meilenweit enteilt ist und wir ihre Ergebnisse nicht mehr adäquat zu interpretieren imstande sind. Imgrunde ist es so, dass jede neue Verfeinerung der Messmethoden neue Skandale nach sich zieht. Denn in der Alarmstimmung unserer Zeit am Beginn des neuen Jahrtausends reicht bereits die Information, *dass* irgendein Stoff in irgendeinem Nahrungsmittel gefunden wurde; ob die Dosis wirklich irgendwelche Folgen zeitigen kann, und womöglich schädliche, ob bestimmte Stoffe nicht einfach erstmals als verblüffende Teile lebender Organismen entdeckt werden, bleibt letztlich selbst den Wissenschaftlern häufig dunkel. Ihre Verantwortung ist deshalb größer, als sie selbst glauben, und von ihrer Zurückhaltung hinge viel ab. Was die Gesellschaft angeht, bräuchte es, um den Eintopf Weltuntergang zu versalzen, einen großen Bildungsschub in Sachen Naturwissenschaften und bei den Naturwissenschaftlern mehr Gespür für Relationen und die massenpsychologischen Effekte ihres Tuns, damit Meldungen über »Bromocyclen in Muscheln«, »Toxaphen im Heilbutt«, »Cadmium im Roggen« oder »Patulin in Äpfeln« nüchterner aufgenommen und besser eingeschätzt werden können, als dies bislang der Fall ist. Der allgemeine Alarmismus fördert Skandale zutage, die niemals welche hätten werden dürfen, weil sie schlichtweg keine sind – und keinerlei Gefahr besteht.

Wäre dies der generelle Befund, gäbe es Anlass zur Entwarnung. Aber tatsächlich ist die Lage viel ernster. Mögen sich viele Skandale durch ruhige Analyse ad acta legen lassen, so gelingt dies mit mindestens ebensovielen keineswegs. Den erörterten »gemachten Skandalen« gesellen sich als zweite Gruppe jene hinzu, die man die »gemeinen« nennen könnte, in des Wortes doppelter Bedeutung. Sie nähren sich von der kriminellen Energie der Produzenten, Kaufleute und Ingenieure. Wo Futtermittel mit Arzneimüll gestreckt werden, Gemüse umetikettiert, faules Fleisch verwertet wird, wo Antilopen zu Rehen werden und Abfall zu Wurst, schlägt der menschliche Faktor unerbittlich durch. Gier und Profittrieb machen den Menschen zu des Menschen Wolf, und nicht selten belohnen die zugehörigen Branchen solches Verhalten mit klammheimlicher Ehrerbietung für die ruchlosen, aber gerissenen Kollegen.

Die Glykolpanscher aus Österreich und Rheinhessen, die in den achtziger Jahren des 20. Jahrhunderts nach einer offiziellen Bilanz über 1300 Weine fälschten und viele Hunderttausend Hektoliter Frostschutzmix auf den Markt warfen, brachten, soweit bekannt, niemanden direkt ums Leben. Aber sie nahmen diese Möglichkeit billigend in Kauf, um mit ihren frisierten Produkten ihren Reibach zu machen. Die allgemeine Empörung angesichts solchen Verhaltens verwundert nicht, und die Intensität des Aufruhrs damals wie bei allen vergleichbaren Fällen bis heute verweist auf die besondere Qualität aller Probleme, die sich um Nahrung, um Essen und Trinken drehen.

Verbrechen am Essen sind nicht gleichzusetzen mit anderer Wirtschaftskriminalität. Niemand empört sich wirklich über gefälschte T-Shirts oder raubkopierte Compact Discs, im Zweifelsfall wird von solchen Betrügereien sogar heiter profitiert. Wer sich indes am Essen vergeht, zieht den ungeteilten Zorn auf sich, als hätte er unterschiedslos auf Leib und Leben aller seiner Zeitgenossen gezielt. Jedenfalls fühlen sich offenkundig viele diffus persönlich betroffen und imaginieren sich in die Rolle des potentiellen, wehrlosen, ohnmächtigen Opfers. Die Täter scheinen einzudringen in intime Zonen, weil ihre kriminellen Akte förmlich in den Mund zu nehmen sind und auf den Magen schlagen. Wer Brot oder Brunnen vergiftet, bricht schwer benennbare Tabus, aber er bricht welche, und wirklich meinen solche Taten die Gesellschaft als Ganzes: Sie kündigen eine Kultur des Vertrauens auf, die allein deshalb verlässlich bleiben muss, damit die arbeitsteilige Gesellschaft weiterhin funktionieren kann.

Panschereien jedweder Art zählen zu den schwerwiegenden Skandalen, weil sie diese Kultur des Vertrauens untergraben und dem zeitgeistigen Unbehagen immer neues Futter liefern. Sie legen die weitreichenden Kompromisse der modernen Gesellschaft offen, die mittlerweile selbst die Zubereitung ihrer Schinkennudeln einer anonymen Industrie überlässt, auf deren gutwillige Verlässlichkeit sie folglich angewiesen ist. Alle gezielten Panschereien führen, analog zur »Politikverdrossenheit«, die ihren Ausgang schließlich auch bei den Politikern nahm, zu einer Verdrossenheit über unsere Nahrung und deren Produzenten insgesamt, weil die kriminellen Machenschaften in ihrer stetigen Wiederkehr als die Regel erscheinen und nicht mehr als die Ausnahme. Das ist ein Umstand, der vernünftige Skepsis in ungutes Misstrauen verwandelt und mitten in die Krise führt.

Nicht zufällig hat das Wort vom Lebensmittelskandal eine so fulminante Karriere gemacht, »Lebensmittel« und »Skandal« finden sich so häufig und schon bei kleinsten Anlässen nahe zusammengerückt, dass sie in unserem alltäglichen Assoziationsapparat schon längst ein Duett bilden. So steckt in der Frage: »Was können wir noch essen?«, die furchterregende Möglichkeit der Antwort: Gar nichts. Und jedes vorsätzliche Verbrechen am Essen, so klein es im Einzelnen sei, lässt diese Antwort ein Stückchen wahrscheinlicher werden. Zumal, und hier erst beginnt wirklich die Misere unserer Zeit, alle genannten Skandale, die gemachten und die gemeinen, in einem staatswirtschaftlichen Umfeld stattfinden, das das Falsche zu fördern und das Richtige zu verhindern scheint. Jeder Vertrauensvorschuss wäre verfehlt, wo es um die politische, verbandsgesteuerte, die staatliche und suprastaatliche Organisation unserer Ernährung geht. Dieser generelle Skandal nimmt die kleinen Skandale unter seine Flügel. Und nie zuvor hat er so ungeschminkt sein Gesicht gezeigt wie im Gerangel um die furchtbare Rinderseuche BSE.

Es wäre so schwierig wie ermüdend, die Geschichte des grassierenden Wahnsinns noch einmal im Detail aufzurollen. Der weithin unbemerkte Tod der »Kuh 133« am 11. Februar 1985 auf der Stent Farm in der englischen Grafschaft Sussex trat einen Roman los, der aufgrund der Stofffülle nur in vielen Bänden zu erzählen wäre und der laufend fortgeschrieben werden müsste, weil seine Handlung bis in unsere Tage nicht zu einem Ende gefunden hat. Aber sie ganz auszublenden hieße, eine wesentliche Struktur unserer Zeit nicht zu beleuchten, weil hier alle Komponenten aufscheinen, die auch die Gesamtkrise ausmachen, die Fehler des Systems, das heißt der vielen Teilsysteme unserer heutigen formierten Gesellschaft, die tatsächlich die Katastrophe BSE überhaupt erst möglich machten und immer weiter verlängerten.

Man könnte es sich leicht machen und die am Beispiel der Fischwürmer erwähnte Relation zwischen dem öffentlichen Aufruhr und den tatsächlichen menschlichen Opfern auch in Sachen Rinderwahn aufmachen. Tatsächlich fand sich in einer Veröffentlichung die Bemerkung, seit Beginn der Rinderseuche seien in Europa ungefähr so viele Menschen an der neuen Variante der Creutzfeldt-Jakob-Krankheit gestorben wie durch das versehentliche Trinken von parfümiertem Lampenöl (bis Mitte 2003 sind 127 Menschen an Creutzfeldt-Jakob gestorben). Das ist gut gesagt, nur beinhaltet es ein skandalöses Schweigen über Millionen sinnlos getöteter Tiere, und es wird mit spitzer Zunge die noch immer nicht auszuschließende Gefahr vertuscht, dass die Seuche am Menschen wegen langer Inkubationszeiten erst um Jahre oder Jahrzehnte versetzt wirklich in der Fläche ausbrechen könnte. Zudem verniedlicht die Relativierung in *diesem* Fall eine nur verbrecherisch zu nennende Politik, die über Jahre hinweg die Öffentlichkeit in die Irre führte und sie wissentlich einer bekannten Gefahr aussetzte.

Großbritannien wird noch sehr lang an diesen Vorgängen zu kauen haben und sich lebhaft seiner Politiker erinnern, die auf dem Höhepunkt der Seuche in öffentlichen Pressekonferenzen mit ihren Töchtern demonstrativ Hamburger verspeisten, wie dies der Landwirtschaftsminister John

Gummer 1990 tat. Die Briten müssen sich befragen über eine politische Klasse, die nach dem Erkennen der Seuchengefahr 1986 zehn volle Jahre lang log und betrog und die erst 1996, als weiteres Vertuschen aussichtslos geworden war, die ihr längst bekannten Gefahren für den Menschen einräumte. Der Abgrund in Deutschland ist so tief nicht. Aber einen Abgrund gibt es auch hier. Verlogenheit, Engstirnigkeit und Inkompetenz haben ihn gegraben.

Die deutsche Debatte konzentrierte sich von Beginn an auf einen Nebenschauplatz. Die Frage, ob Deutschland selbst »BSE-frei« sei, wurde wichtigstes Material in Wahlkämpfen, Pressekonferenzen und Parlamentsdebatten, sie regierte mithilfe des Großteils der Medien die öffentliche Verhandlung der europäischen Katastrophe. Als 1992 der erste BSE-Fall in Deutschland gemeldet wurde, entschieden sich alle Beteiligten, ihn nicht zu zählen, weil es sich um ein aus Großbritannien importiertes Rind handelte. Warum diese groteske Operation der Abwiegelung gelingen konnte, bleibt bis heute dunkel. Wie konnte, so fragt man sich, ein derartiges Argument Gewicht bekommen angesichts der vollständigen Vernetzung Deutschlands in die europäischen Warenströme? Wie konnte sich irgendjemand davon beruhigen lassen, dass es sich um ein »britisches« Rind handelte, wo es doch auf deutschem Boden graste und mutmaßlich hier und für den deutschen Markt verwurstet worden wäre?

Deutschland, dies wird in späteren Kapiteln noch eine größere Rolle spielen, gibt sich gerne heimeligen Illusionen hin. Wider alle Realität herrscht ein Lebensgefühl vor, wie es in einem autarken Land zu Hause sein könnte. Im Katastrophenfall träumt sich Deutschland in eine heile Welt davon, die es nicht einmal im verklärten Gestern gab, eine Welt, in der Im- und Exportgeschäfte keine Rolle spielen, in der keine Rindfleischberge grüßen und keine Milchseen schwappen und wo man verschont bleibt vom erbarmungslosen Kampf um die Weltmärkte. Die BSE-Krise ließ die Deutschen davon träumen, sie müssten sich nur von guten, deutschen Kühen ernähren und könnten auf diese Weise klammheimlich davonkommen. Die Chronologie der Ereignisse erzählt davon und, natürlich, vom Zerplatzen dieser Seifenblase.

Wer die Vorgänge sortieren will, muss sich vorläufig in Widersprüche verwickeln, die der Gang der Ereignisse von Monat zu Monat hervorbrachte. Deutschland marschierte – folgerichtig zur Grundannahme: Deutsches Fleisch ist sicher – bei allen Boykottverlangen vorneweg. Der damalige Gesundheitsminister Horst Seehofer forderte 1994 den Einfuhrstopp für britisches Rindfleisch, und wirklich verhängten die Deutschen ein Teilverbot für den Import, um das »nicht zu verantwortende Experiment am Menschen« zu beenden, wie es hieß. Beendet wurde indes sehr schnell das Verbot durch Sanktionsandrohungen der EU-Kommission. Deutschland, selbstverständlich gebunden an Verträge, musste seinen Alleingang 1995 beenden, einige Bundesländer schlossen sich daraufhin in gemeinsamer Aktion mit den Fleischerinnungen populistisch zu einer Bewegung des »freiwilligen Boykotts« zusammen.

Unter zunehmendem Druck der EU verweigerte Landwirtschaftsminister Jochen Borchert trotz des Drängens vieler Bundesländer und des Fleischgewerbes weitere Einfuhrbeschränkungen. Die Bundesregierung einigte sich auf die Sprachregelung, sie wolle den europäischen Frieden nicht durch »Alleingänge« stören, womit sie das exakte Gegenteil dessen sagte, was sie ein Jahr zuvor noch öffentlichkeitswirksam aufgeführt hatte. Die Absage an den Alleingang kam allerdings zu einem Zeitpunkt, in dem er durchaus vernünftig gewesen wäre im Sinne des Gemeinwohls. In Großbritannien verendeten in schnellem Takt die Rinder an der neuen Krankheit, 37.000 allein im Jahr 1992. Es war schließlich die EU-Kommission, die im März 1996 auch auf deutschen Druck hin ein weltweites Exportverbot für britische Rinder, Rinderprodukte und britisches Tiermehl beschloss. »Deutsches« Tiermehl wurde weiter arglos verfüttert. Das Exportverbot blieb eine Farce, ein durchsichtiger Akt symbolischer Politik, um die Öffentlichkeit ruhig zu stellen, wie sich bereits im Juni zeigte, nur drei Monate nach dem kernigen Beschluss: Der Rat der EU-Staats- und Regierungschefs einigte sich, unter Mitwirkung des deutschen Bundeskanzlers, auf die schrittweise Aufhebung des Exportverbots.

Wie oft Landwirtschaftsminister Borchert öffentlich in jenen Monaten sagte: »Deutsches Rindfleisch ist sicher«, ist nicht mehr zu rekonstruieren. Im August 1997 fliegt indes ein Kaufmann in Hamburg auf, der 60 Tonnen britisches Rind illegal importiert hatte. Die Justiz ermittelt, dass zwischen Februar und Juli des Jahres deutschlandweit 616 Tonnen verbotenes Fleisch eingeführt wurden, von denen mindestens 116 Tonnen zu Wurst verarbeitet und bereits verkauft worden waren. In Nordrhein-Westfalen beschlagnahmen die Behörden weitere 100 Tonnen mutmaßlich BSE-verseuchtes Fleisch, das in Teilen bereits verwurstet war, aber noch nicht hatte verkauft werden können. Niemand weiß, bis heute, wieviel illegal importiertes Fleisch, BSE-belastet oder nicht, in die Nahrungskette gelangte. Auf der Grundlage der Doktrin: Deutsches Fleisch ist sicher, bemühten sich die Behörden nicht einmal um intensive Prüfung, im Gegenteil: Die EU rügte Deutschland im September 1997 für mangelhafte Fleischkontrollen und forderte sogar Betriebschließungen, weil Veterinäre auf einer Inspektionstour massenweise Fleisch ohne Herkunftsnachweis in deutschen Zerlegebetrieben gefunden hatten.

Auch die 1998 neugewählte rot-grüne Bundesregierung konzentriert sich auf das Märchen vom guten deutschen Fleisch. Die Gesellschaft für Lebensmittelmarketing CMA schließt sich dieser beruhigenden Vermutung an und plakatiert im Oktober 2000 ihren realitätsblinden Slogan: »Kontrollierte Qualität vom Bauernhof bis zur Ladentheke«. Realitätsblind allein schon, weil seit April des Jahres aufgrund von EU-Beschlüssen britisches Fleisch wieder nach Deutschland eingeführt werden darf. Die Sprachregelung müsste nun zumindest lauten: Deutsches Fleisch mag sicher sein, aber wie deutsch ist die deutsche Wurst? Am 6. Juni des Jahres echauffiert sich Bayerns Landwirtschaftsminister stattdessen öffentlich darüber, dass die EU-Kommission Deutschland den Status »BSE-frei« aberkennen will. Bis dahin sind 50 Menschen im europäischen Ausland an der durch BSE-Erreger übertragenen neuen Variante der Creutzfeld-Jakob-Krankheit gestorben. In Nordrhein-Westfalen sind endlich umfangreiche BSE-Schnelltests von Schlachtfleisch im Gange. Der neue Landwirtschaftsminister Karl-Heinz Funke erklärt Anfang November 2000 noch einmal: »Deutsches Fleisch ist sicher«, seine Erklärung hat eine sehr kurze Halbwertszeit: Am 24. des Monats wird zum Entsetzen der deutschen Öffentlichkeit in Schleswig-Holstein der erste deutsche BSE-Fall amtlich. Eine deutsche Kuh, hier geboren, hier gemästet, ist am Erreger krank. Und sie hatte noch nicht einmal Tiermehl als Futter erhalten. Nach Einführung flächendeckender Tests – für die sich der zuvor strikt ablehnende Minister Funke nun sehr stark macht – steigen die Fallzahlen, bis Ende 2002 werden über 200 erkrankte deutsche Rinder entdeckt, die meisten davon in Bayern.

Selbst in einer solch gehetzten Kurzfassung wird deutlich, dass im Fall BSE alle nur erdenklichen Spielarten skandalösen Verhaltens ineinander greifen. Es ist nicht überraschend, dass kriminelle Händler versuchten, im Zuge der Katastrophe mit etlichen Verbrechen an der Nahrung reich zu werden. Auch ist es in diesem Fall beruhigend, dass die Medien auf Alarmstufe Rot umschalteten und ein Stakkato apokalyptischer Bilder und Meldungen spielten. Wirklich erstaunlich, auch beängstigend ist aber die greifbare Ratlosigkeit der politischen Administrationen und ihrer Beraterstäbe in ganz Europa und die geradezu verschlagene Wirklichkeitsverbiegung vieler Akteure in Politik und Verbänden, die im Augenblick einer wirklich großen Krise schäbig nach kleinen Vorteilen auf dem eigenen Marktplatz suchten. Das generelle System, das zum BSE-Desaster führte, der generelle Skandal selbst wurde von den Verantwortlichen zu keinem Zeitpunkt wirklich hinterfragt, denn er ist die EU-Agrarordnung selbst, sie ist der eigentliche Skandal. Wenn je eine Organisation gegen die Freude am Essen gegründet wurde, so hat sie ihren Sitz in Brüssel. Ihr Problem ist, bislang, die Unfähigkeit zur Reform ihrer selbst.

Die EU betrachtet die Welt noch heute kaum anders als in den fünfziger Jahren. Damals, kurz nach dem Krieg, als es um den Wiederaufbau einer europäischen Landwirtschaft und die Versorgung der Bevölkerung mit Nahrungsmitteln ging, formulierte sie ihre Grundprinzipien, die nie radikal überdacht wurden, nicht einmal im Zuge des BSE-Unglücks, nicht später, als in England die Scheiterhaufen gegen die Maul- und Klauenseuche loderten. Die Tonnenideologie, die Ausrichtung auf landwirtschaftliche Massenproduktion, ist nie wirklich aufgegeben worden, sie bestimmt bis heute die Förderlogik in Europa. Volker Angres und Co-Autoren haben in ihrem höchst lesenswerten Buch »Futter fürs Volk« die Elemente dieser Fehlentwicklung versammelt. Die europäische Agrarpolitik habe von Beginn an auf Produktionssteigerung gesetzt und sich davon imgrunde nie verabschiedet. Es wurde ein labyrinthisches System aus Beihilfen, Prämien, »Förderinstrumenten«, Preis- und Abnahmegarantien gezimmert, von dem Europas Bauern bald abhingen wie der Süchtige von seiner Droge: Sie wollten immer mehr.

So wurde das für die Nachkriegszeit richtige, für die späteren Jahre grundfalsche System immer weiter in die falsche Richtung ausgebaut und abgesichert. Die EU schottete ihren Agrarmarkt vom Weltmarkt ab, garantierte den

Landwirten im Inneren Preise über Weltmarktniveau und zog sich – durch fleißige Bauern, die viel Geld verdienen wollten – die furchtbare Überproduktion zu, die zu Fleisch- und Butterbergen, Milch-, Wein- und Ölseen führte. Ihn zu bekämpfen, setzte die EU auf ihre altgewohnten Instrumente – und zahlte wieder neue Prämien und Beihilfen. Wer Rindfleisch exportierte, dem legte die EU Geld obendrauf, damit er international konkurrenzfähig war. Wer Getreide ausführte, Gemüse, Eier wurde belohnt mit Prämien. Aber auch diese Subventionen reichten nicht hin, die Überkapazitäten ausreichend zu senken. Deshalb entschloss sich die EU zur Institutionalisierung wirklich abgründigen Irrsinns, wie Angres und Co. beeindruckend zeigen, sie entschied, für die Vernichtung bereits produzierter Ware ebenfalls Geld bezahlen zu wollen. »So wurden Recherchen des Europäischen Rechnungshofs zufolge Anfang bis Mitte der neunziger Jahre durchschnittlich 53,7 Prozent der griechischen Pfirsichernte vernichtet. Auch viele andere Erzeugnisse landen auf dem Müll, wenn zu viel produziert wird, zum Beispiel Blumenkohl. Paradoxerweise stieg die Blumenkohlanbaufläche Jahr für Jahr weiter. Direkt für die Vernichtung zu produzieren erwies sich als lohnend.«

Das System der landwirtschaftlichen Produktion in Europa ist der generelle Skandal. Es wird an ihm gedoktert. Zuletzt wurden im Spätsommer 2003 neue Reformerfolge verkündet, aber sie erwiesen sich zum Großteil bald wieder nur als symbolische Politik, schon im Ansatz von Ausnahmebestimmungen durchlöchert und von »Durchführungsbestimmungen« verwässert. Es scheint, wirklich, dass die europäische Agrarordnung nicht mehr sinnvoll zu reformieren ist, sondern besser abgeschafft und von Grund auf neu gestaltet werden sollte. In ihrer jetzigen Form zwingt sie uns, in einer Welt zu leben, in der die Vernichtung von Lebensmitteln höher bezahlt wird als ihr Verkauf zum Verzehr. Sie gehört zu den Ursachen, dass Lebensmittel heute geringer behandelt werden als Plastikspielzeug oder billiger sind als Motorenöl, mit furchtbaren Folgen vor allem für die Nutztiere. Sie hat der Landwirtschaft einen mörderischen Produktionsdruck eingetragen, der die Bauern die längste Zeit zu Großfelderwirtschaft, Überdüngung und Massentierhaltung angeleitet hat. Im Feldbau wird heute im Vergleich zu früher pro Hektar ein Vielfaches an Dünger eingesetzt, 110 Kilo Stickstoff pro Hektar und Jahr, viermal so viel wie vor 30 Jahren, und wenn der deutsche Bauer im Märzen die Rösslein einspannt, fährt er 30.000 Tonnen Pestizide auf seine Felder.

Dank der Massentierhaltung wächst sich jede Krankheit, jeder Unfall in der Tierproduktion immer gleich zur Katastrophe aus. Bei Betriebsgrößen etwa von 500.000 Legehennen und mehr rafft eine Salmonelleninfektion, ein Bakterienbefall, eine Erkältung immer gleich gewaltige Bestände hin. Die Vermassung ist es schließlich auch, die die Ideen für Verbrechen an der Nahrung gebiert, die es lukrativ erscheinen lässt, Futtermittel mit Altölen oder Hühnerbrust mit »Fremdwasser« billig zu strecken. Überdies sind die psychologischen Folgen dieses Wirtschaftens kaum schwarz genug auszumalen. Wie soll mit Nahrung, mit Landschaft, mit Nutztieren respektvoll umgegangen werden, wenn für ihre Vernichtung, Keulung, Stilllegung vom Staat Milliardenprämien bezahlt werden? Wie soll eine Kultur des Respekts für die Natur und ihre Kreisläufe erhalten werden oder wieder entstehen, wenn der Produktions- und Preisdruck notwendig auf agrarindustrielle Großkomplexe zuläuft, die nicht nach den Regeln eines Bauernhofs arbeiten können, sondern nur nach denen der Fabrik? Wie soll sich eine »bäuerliche Landwirtschaft« erhalten, zu der sich die EU in allen Sonntagsreden bekennt, wenn ihre Verfahrensweisen durch staatliche Fehlsteuerung sicher in den Ruin führen?

Auch der Schweinemastbetrieb von Losten wurde vom EU-System gezeugt, eine Tierfabrik, die nichts von einem Bauernhof hatte und hat. In den niedrigen Wellblechbaracken, in die am 17. Januar 1998 die Pest einzog und 62.531 Schweine befiel, könnten Traktorenteile hergestellt werden oder Schrott gelagert. Kein Mensch kann am doppelten Stacheldrahtzaun an Essen denken, an Lebensmittel oder gar an Genuss. Das System ist schuld.

Das ist wahr, und es klingt doch wie eine Ausrede. Denn es ist von Menschen gemacht. Es ist unser System. Es produziert unsere Lebensmittel. Und also muss es von uns zu ändern sein. Es braucht dafür eine andere Politik, eine andere Ernährung, eine ganz andere, ein anderes System, ein anderes Nachdenken über unser täglich Brot. Wir alle haben an der Schweinemästerei in Losten mitgebaut, über Generationen hinweg. Wir wollten nie, dass Tiere leiden; aber wir wollten Schweinenacken kaufen für fünf Mark das Kilo. Das konnte nicht gut gehen, es kann nicht funktionieren; und es wird nicht funktionieren.

Kükenmuser, Abferkelbuchten und unglückliche Kühe

Fleisch: Eine Geisterbahnfahrt durch die Welt heutiger Tierproduktion oder Warum ein Rinderbraten so viel kosten müsste wie ein Paar Schuhe

Im Jahr 1988, als der deutsche Fleischverbrauch seinen Gipfel von 105 Kilogramm pro Kopf und Jahr erklommen hatte und noch kaum jemand BSE zu buchstabieren wusste, schwirrte der Fleischmarkt an der Berliner Beusselstraße von 600 Arbeitern auf Nachtschicht. 35 Großhändler teilten sich die fußballfeldgroße Halle, über den gekachelten Arbeitsboxen spielte laute Fahrstuhlmusik, die das kreischende Geräusch kleiner Kreissägen in Tierkörpern nur unvollständig übertönte. Draußen, an der 172 Meter langen Verladerampe, standen von Mitternacht an dicht an dicht die Lastwagen aus ganz Deutschland, aus Holland und Belgien, 60, 70 Kühltransporter, und sie speisten Frischfleisch ein für Westberlin, 70.000 Tonnen im Jahr allein an der Beusselstraße, 140.000 Tonnen in der ganzen Teilstadt.

Die Arbeiter bedienten Leberhäutungsmaschinen, sie zersägten Schweinebrustkörbe in knackendem Rhythmus, sie zerteilten große Tierlungen und ganze Rinderviertel, Pistolen genannt, bis hinunter zum Gulasch, sie halbierten

Hammel, bewarfen sich im Spaß mit Koteletts und standen herum und rauchten neben ganzen Pansen, die wie schmutzige Arbeitsschürzen von der Hallendecke baumelten an den Haken der Rohrhängebahn, die den Markt in 12 Kilometer langen Schleifen durchzog. Es war kalt in der Halle, jahrein, jahraus 12 Grad, damit die Kühlkette nicht reißen konnte. Es war laut, es roch, es ekelte den Laien vor der schieren Masse an Fleisch und Innereien, gegen Ende der Nacht waren die Kittel der Abträger und Zerleger rot und braun von Blut und Säften, sie spülten die Brühe am Boden fort, die knöchelhoch stand, und sie aßen Kuchen im Café »Mini-Ferkel«, das sich im Herzen der gekachelten Metzgerstadt mit Stehtischen eingerichtet hatte.

Der Fleischgroßmarkt, damals schon ein Konzept wie aus dem schwerindustriellen Gestern, hat auch die Jahrtausendwende überstanden. Es gibt ihn immer noch, draußen, im Industriegebiet am Westhafen. Er hat ein anderes Gesicht heute, es geht stiller zu, rationeller, bürokratischer, die Betriebe sind jetzt abgeschottet voneinander, sie mussten sich einmauern auf Geheiß der EU, neue Hygienebestimmungen, Bauvorschriften haben den Eindruck stark verändert, aber der Markt existiert weiter. BSE, Schweinepest, Maul- und Klauenseuche haben ihm nichts anhaben können, im Gegenteil, er ist noch gewachsen seit den achtziger Jahren. Von 10.000 auf 18.000 Quadratmeter, von 70.000 auf fast 110.000 Tonnen jährlichen Umschlag, und das liegt nicht nur an der Vereinigung von West- und Ostberlin im Jahr 1990. Es liegt daran, dass der deutsche Fleischkonsum während all der schlimmen Jahre nie wirklich einbrach.

Gewiss, die Zahlen sanken. Der Fleischverbrauch in Deutschland, eine Messzahl, die alles einschließt, auch Schlachtabfälle und Nebenprodukte, ging von jenen 105 Kilogramm im Jahr 1988 zurück auf 88,3 Kilogramm pro Kopf im Jahr 2001. Das ist, aus Sicht von Produzenten und Händlern, eine spürbare Veränderung, für manche Branche ist es katastrophal. Was aber die Konsumenten angeht, die Esser selbst, so hat sich imgrunde nicht viel verändert. Der Fleischverzehr, was also wirklich gegessen wird als Braten, Schnitzel, Pizza-Auflage, Hamburger, Wurst, veränderte sich im genannten Zeitraum von gut 65 Kilogramm auf 59,4 pro Kopf und Jahr. Auch das ist weniger, sicher, aber es ist doch zugleich eine erstaunlich geringe Veränderung angesichts der erschütternden Krisenjahre zwischen 1990 und 2000 und angesichts der immer neuen Meldungen über Tierseuchen und Fleischskandale und darüber, dass Märkte und Umsätze einbrechen wie nie, dass Tierzüchter aufgeben müssen und dass die Kunden an der Fleischtheke angeblich »sensibel« auf schlechte Nachrichten reagieren.

Was tun sie wirklich, die Verbraucher? Wie reagieren wir auf die Krisen unseres Essens? Kurzatmig, um das wenigste zu sagen, eigentlich wird sich nur auf Zuruf der Medien gefürchtet, dann vergessen und bald wieder am Leben gefreut. Als im November 2000 das erste »deutsche« BSE-Rind ruchbar wurde, glaubten sich nach Zahlen des Allensbacher Instituts für Demoskopie einen Monat später, im Dezember, 48 Prozent der deutschen Bevölkerung persönlich gefährdet, wieder einen Monat später, als die Medienmaschine schon eine Zeit lang hochtourig gelaufen war, fürchteten sich 54 Prozent. Aber schon im Juni 2001, ein halbes Jahr darauf, als sich die Situation wegen immer neuer BSE-Fälle in den deutschen Ställen de facto weiter verschlechtert hatte, fühlten sich bloß noch 31 Prozent in Gefahr, 60 Prozent waren schon wieder der Meinung, keine Angst vor BSE haben zu müssen, und die Allensbacher Berichte erschienen mit der Überschrift: »BSE – Die Mehrheit der Deutschen fühlt sich nicht mehr gefährdet.« Vielleicht ist aus solchen Entwicklungen zu lernen, dass Umfragen die schnell wechselnden Stimmungslagen nur sehr punktuell abbilden und insgesamt nicht allzu ernst zu nehmen sind. Vielleicht sind sie ein guter Beleg für die Macht der Massenmedien. Aber die Zahlen legen doch auch den plausiblen Schluss nahe, dass das Fleischessen selbst eine eigentlich unhinterfragbare Konstante heutigen menschlichen Lebens ist – und dass die Mehrzahl der Menschen ungeachtet aller Katastrophenmeldungen Fleischfresser bleiben und in Sachen Essen und Trinken vor allem der großen Macht der Gewohnheit gehorchen.

Fleisch ist ein Stück Lebenskraft. Kaum je hat sich ein Slogan erfolgreicher in den Köpfen eingenistet, und tatsächlich ist damit eine gute Formel geprägt für die eine, große Essvorliebe nicht nur der Deutschen. Ob Rind, ob Schwein, ob Geflügel, ist dabei nicht egal, aber zunächst zweitrangig, Hauptsache, es liegt in der Mitte der Teller, im Zentrum des Essens, nicht immer, aber immer wieder: Fleisch.

BSE hat unsere Gewohnheiten deshalb nicht generell geändert, nicht strukturell, BSE hat nur den Fleischmarkt neu sortiert. Viele Esser haben umgeschichtet auf vermeintlich unbedenklichere Ware, sie sind vor allem vom Rind zum Geflügel konvertiert und haben Hühnermästern und Truthahnimporteuren sensationelle Bilanzen beschert. Denn wirklich hat sich der Rindfleischverbrauch in den neunziger Jahren halbiert von etwa 20 auf etwa 10 Kilogramm pro Kopf und Jahr, während der Geflügelverbrauch um 54 Prozent in die Höhe schnellte von gut 12 auf fast 19 Kilogramm. Eine Flucht vom Regen in die Traufe, denn natürlich konnte der heimische Markt, auch der europäische, der immerhin klaren Qualitätskontrollen unterliegt, die Nachfrage nicht befriedigen. Von den gut 1,8 Millionen Tonnen Geflügelfleisch, das im Jahr 2001 in Deutschland verwertet wurden, kamen bereits 885.000 Tonnen aus aller Welt, herbeigeschafft aus Brasilien und Thailand, um die halbe Welt geflogen, und unter Umständen produziert, die der Arm europäischer Kontrolleure nicht erreichen kann. Aber die Deutschen lieben vor allem das Schwein, auf jeden Einzelnen entfiel im ersten Jahr des neuen Millenniums ein Verbrauch von knapp 54 Kilogramm, eine Menge, die seit Jahrzehnten praktisch unverändert geblieben ist, eine Vorliebe, die unberührbar scheint von Schweineseuchen, Hormonfunden im Schnitzel und Antibiotika im Nackensteak.

Fleisch bedeutet uns sehr viel. Wir brauchen und verbrauchen es in hohen Dosen. Übersetzt man die jährlichen Kennzahlen in eine Tagesration, so isst heute jeder Deutsche – die Kinder, die zwei, drei Prozent Vegetarier und die religiösen Abstinenzler mitgerechnet – an jedem Tag, 365-mal im Jahr, 163 Gramm Fleisch, in welcher Form auch immer.

Überschriften wie: »Deutsche essen immer weniger Fleisch« oder »Fleischkonsum rückläufig« sind deshalb irreführend und bleiben kurzsichtig auf Konjunkturwellen beschränkt. Die Titelzeilen müssten bis auf weiteres lauten: »Fleischkonsum bleibt auf Rekordniveau.« Rechnete man das große Fressen auf eine Lebensspanne um, so ließe sich sagen, dass ein Durchschnittsdeutscher von der Wiege bis zur Bahre 22 Schweine, sieben Rinder, 20 Schafe, 600 Hühner und ein paar Rehe und Hirsche vertilgt. Das ist enorm.

In Umfragen und psychologischen Interviewstudien sagen die Menschen nach wie vor sehr übereinstimmend, dass ein Essen ohne Fleisch irgendwie mangelhaft sei. Je repräsentativer der Anlass, desto größer der Zug zum Fleisch und desto wuchtiger die Fleischportionen selbst. Der aussterbende große Rinderbraten, womöglich noch am Tisch vom Hausherrn tranchiert, ist ein Essen von höchster zeremonieller Potenz, und jede Tischgemeinschaft spürt das noch immer wie von selbst. Fein und lange eingeübt sind die Urteilsfähigkeiten der Esser, klar kann jeder eine Rangfolge vom Wert der Fleischsorten benennen, mit den Rinderfiletbraten ganz oben bis zu Schweinebauch und Schwartenmagen ganz unten, von rot zu weiß, von teuer zu billig. Es wird interessant zu beobachten sein, ob die Rindfleischkrisen diese Rangfolgen verändern; sie werden es mutmaßlich nicht dauerhaft tun. Zu fest, zu verankert scheinen die Strukturen, die das dunkle, rote, »männliche« Rindfleisch auf den Thron gehievt haben. Aber das Spiel muss als offen gelten. Wildfleisch hatte auch einst den höchsten sozialen und kulinarischen Stellenwert und hat ihn doch so gut wie eingebüßt, vielleicht, weil Reh und Hirsch mit Schwermetallen, Radioaktivität und abstoßend blutiger Jagd heutzutage untrennbar verbunden scheinen. Gleichwohl gilt ein Hirschbraten noch immer als höchst qualitätsvolle, repräsentative, erstrangige Speise. Er hat eine Aura, wie Fleisch insgesamt eine Aura besitzt. Es ist magisches Essen mit kaum benennbarem Mehrwert, der aus den schwer fassbaren Tiefen anthropologischer Phänomene stammt.

Die Vermutung, dass uns das Fleischessen eine wichtige Stütze im Leben ist, eine nicht nur in Kalorien zu bemessende Kraftquelle, ist für jedermann leicht nachzuvollziehen. »Steakhouse«, »Holzfällerplatte« und »Ratsherrentopf« sind Begriffe geblieben, die an Fleischrationen im Pfundbereich denken lassen und dem deutschen Wohlbefinden seit dem Wirtschaftswunder einen Namen geben. Fleisch befriedigt weit über die Sättigung hinaus, und es ist nur zu mutmaßen, wieviel kultische Tradition, wieviel Opferritual und Glaube an die Übertragung tierischer Kraft auf den Menschen dabei mitschwingt.

Aber die Lage ist paradox. Statt die geliebte Energiequelle in Ehren zu halten, ist es uns gelungen, durch blindwütige Quantitätssteigerung die Qualität von Fleisch und damit auch seinen kulinarischen, sozialen, »magischen« Wert, generell zu gefährden. Dies ist zunächst keine Kritik an der Massentierhaltung oder an industriellen Verfahren der Fleischherstellung. Sie selbst sind doch nur die Folge einer Fleischfresswut, die sich nach dem Krieg mit allgemein steigendem Wohlstand breit machte und die auf einer grundfalschen Prioritätensetzung wuchs. Man könnte sagen, aus dem in den vierziger, fünfziger Jahren vernünftigen Ziel »Fleisch für alle« wurde spätestens in den siebziger Jahren die verrückte Anspruchshaltung »Fleisch für alle jeden Tag in beliebiger Menge«.

Der Verbrauch 1960, als die Zeit der Schinken in Brotteig und der ausladenden Fleischfondues noch auf kurze Zeit fern war, lag halb so hoch wie heute. Das Konzept vom »Sonntagsbraten« war wörtlich zu nehmen, weil Fleisch gemessen am verfügbaren Einkommen viel zu teuer war, um es mehrmals in der Woche, geschweige denn täglich zu essen. Viele Zahlenreihen zeigen anschaulich, was in der zweiten Hälfte des 20. Jahrhunderts geschah. Man kann mithilfe statistischer Zeitreihen förmlich dabei zusehen, wie die Konsumgesellschaft in Deutschland entstanden ist und wie sich ihre Prioritäten verschoben – und wie dabei vor allem der Preis des Essens unter die Räder kam. Tatsächlich wendet ein deutscher Haushalt heutzutage nur noch 12 Prozent des Einkommens für Nahrungsmittel auf; in den fünfziger Jahren waren es um die 50 Prozent. Das ist eine geradezu ungeheuerliche Umschichtung. Offenkundig werden die DVD-Player, die Fernsehgeräte, die Computer, Autos, Rollerblades und Urlaubsreisen buchstäblich vom Munde abgespart. Deshalb muss Essen so billig sein – weil es andernfalls als Störfaktor heutiger Konsumgewohnheiten empfunden werden würde, weil es den Way of Life einer zunehmend auf Single-Haushalte verteilten Gesellschaft behinderte, in der, wie es aussieht, die Mikrowelle und der »Snack« außer Haus auf Dauer den Herd ersetzen werden. Mit den Preisen sank aber auch der Wert des Fleisches und des Essens allgemein, sein magischer Mehrwert, es verschwand seine einst zentrale Rolle im Alltagsleben und es musste plötzlich mit seltsamen Produkten konkurrieren: Was soll man davon halten, dass kurz vor Weihnachten 2003 in einem Berliner Supermarkt 100 Gramm Katzenfutter der Marke »Felix Schlemmer-Paté mit Hähnchen« mit 45 Cent um genau vier Cent teurer war als 100 Gramm französisches Maishuhn und genau sechs Cent billiger als der »Premium«-Schweinerücken zu 3,99 Euro das Kilo?

Es ist etwas ungewöhnlich, in einer Erörterung wie dieser mit Tabellen zu hantieren. Die folgende aber sagt mehr als viele Worte, sie ist zusammengestellt aus frei zugänglichen Daten des Statistischen Bundesamtes und betrifft die Preisentwicklung verschiedener Produkte in Westdeutschland von 1962 bis in unsere Zeit. Haushaltseinkommen heißt hier das Geld, das einem Haushalt nach Abzug von Steuer und Sozialversicherung netto zur Verfügung steht. Die genannten Preise sind reale Durchschnittspreise in D-Mark im jeweils genannten Jahr.

Jahr	Verfügbares Eink. pro Haushalt in DM	1 kg Rindfleisch z. Kochen	1 kg Kotelett vom Schwein	1 kg Zucker	1 Paar Herren-Halbschuhe	1 Monatsabo Tageszeitung
1962	896	5,28	7,02	1,23	40,70	4,64
1973	2040	8,06	9,79	1,30	71,90	8,10
1983	3354	10,53	12,27	1,96	127,00	17,23
1998	5346	11,55	13,41	1,95	167,00	31,80

Man kann lange in dieser Tabelle lesen, vor allem aber wird man überrascht zur Kenntnis nehmen: Hätten sich die Fleischpreise entwickelt wie die von Herrenhalbschuhen, so hätte ein Kilo Schweinekotelett im Jahr 1998 mehr als das Doppelte, nämlich 28 Mark kosten müssen. Hätten sie mit den Haushaltseinkommen Schritt gehalten, so wäre 1998 ein Kilo Kochfleisch vom Rind mit 31,15 Mark und ein Kilo Schweinekotelett mit 41 Mark und 41 Pfennigen zu bezahlen gewesen. Rindfleisch verteuerte sich tatsächlich um den Faktor 2,2, das Zeitungsabonnement dagegen um den Faktor 6,9. Zucker – aufgrund globaler Handelspolitik im Preis empörend stabil – kostete 1998 nur 62 Pfennig mehr als 36 Jahre zuvor, ein Wunder.

Während das Essen, vor allem das Fleisch, immer billiger wurde, bis es endlich billiger war als Katzenfutter, fragte sich niemand, wie und warum sich das so entwickeln konnte. Um die Herkunft und Herstellung von Fleisch entstand im Laufe der Zeit ein immer größeres Geheimnis. Es ist heute nicht nur so, dass kaum ein Städtebewohner mehr sagen kann, wo sich in seiner Stadt der Schlachthof befindet, man kann viel weitergehen und sagen, dass eine riesige Mehrheit der Bevölkerung keinerlei Wissen mehr darüber hat, woher ihr Fleisch kommt, wer es zurichtet, wie es »entsteht«, geschweige denn, wie seine Stücke heißen und wie sie zubereitet werden. Analog zur Atomkraft-Debatte könnte man sagen, die Leute geben sich damit zufrieden, dass der Strom weiterhin aus der Steckdose kommt, und das heißt beim Fleisch, dass es eben irgendwie seinen Weg ins Kühlregal des Supermarkts findet.

Wir sind, was den Fleischkonsum und die Essensproduktion allgemein angeht, in einen Zustand der Unmündigkeit zurückgekehrt, der mehr bedenklich als bedauerlich ist. Er führt unter anderem zu den beschriebenen Verhaltensmustern des Alarmismus in der Krise, zum kurzatmigen Skandalradau und zu den Prozessen des schnellen Vergessens, auf die die Politik und zumal die Agrarpolitik heute jederzeit zählen kann. Denn wir sind in Wirklichkeit, und das schließt einen Großteil des Journalismus und der Politik ein, überhaupt nicht mehr in der Lage zu beurteilen, was skandalös ist und was nicht. Sehr wahrscheinlich würde die Mehrheit der Deutschen, wenn sie mit den gängigen, konventionellen Methoden der Fleischproduktion bekannt gemacht würde, diese selbst bereits für einen erschütternden Skandal halten. Deshalb ist regelmäßig große Betroffenheit zu beobachten, wenn die Nutztierhaltung doch einmal zum Thema wird. Der Vogel Strauß in Menschengestalt hebt den Kopf aus dem Sandloch und muss bemerken, wie weit ihm die modernen Entwicklungen der Landwirtschaft enteilt sind und wie sehr sie die eigenen Vorstellungen und Wünsche mitsamt dem »gesunden Menschenverstand« enttäuschen, der mit der massentierhalterischen Moderne schon seit langem nicht mehr Schritt gehalten hat. Jede Information aus der Welt der Tierzucht und Fleischproduktion muss sich folglich anfühlen wie ein böses Erwachen. Und hilflos bleibt dem Bürger und Konsumenten am Ende nur, auf die Figur des »bösen Bauern« oder die böse EU einzudreschen und selbst wie ein ertappter Täter umherzugehen: Er will es nicht gewesen sein, er hat es nie gewollt, nie gewusst. Nur gegessen.

Tatsächlich wollen wir überhaupt nichts wissen. Wir wollen nicht wissen, dass ein Schwein heute in den Beton einer »Abferkelbucht« geboren wird, seinem Muttertier nach drei Wochen entzogen, als Ferkel durch ganz Europa gekarrt, dass es auf »Spaltböden« turbogemästet wird und bis zur Schlachtung nach sechs bis sieben Monaten am Leben in der Regel kein einziges Mal unter freien Himmel kommt. Wir wollen nicht wissen, dass Legehennenküken in Wärmeschränken gebrütet werden, dass nach drei Lebenstagen die männlichen Tierchen von »Chicken-Sexern« aussortiert und im »Kükenmuser« geschreddert werden, weil sie ökonomisch so gut wie wertlos sind, 42 Millionen männliche Küken jedes Jahr allein in Deutschland. Wir wollen nicht wissen, dass die Hennen in den Batterien wider die Natur 300 Eier in einem Jahr legen und dann als ausgelaugte Suppenhühner verramscht werden. Wir wollen nicht wissen, dass normale Masthühner heute in nur sechs Wochen zum Schlachtgewicht getrieben werden, dass sie dieses dramatische Wachstum mit verformten Skeletten und kaputten Beinen bezahlen. Wir ahnen kaum, dass entgegen allen Imagekampagnen und PR-Offensiven 98 Prozent des deutschen Rindfleischs aus Massentierhaltung stammt, nur ein einziges Prozent von Ochsen, die grasend unter freiem Himmel auf der Weide standen. Wir wollen es nicht wissen. Wir wollen Fleisch essen, billiges, 50, 60 Kilogramm jedes Jahr. Wir wollen Eier essen, wir wollen Milch trinken nach Belieben, und zwar so, dass die Kosten dafür nicht ins Gewicht fallen, wir wollen, dass ein Liter Milch heute immer noch so viel kostet wie 1976. Aber wir wollen nicht wissen, dass das Folgen hat für die Milchkühe.

Eine Hochleistungskuh wird heute in der Regel aus einer künstlich befruchteten Eizelle von einer tierischen Leihmutter geboren. Das Kalb wird der Mutter nach 20 Minuten für immer entzogen, in eine Stallbox gelegt und fortan mit Milch aus einer Gummizitze genährt. Nach gut eineinhalb Jahren wird das Tier in den Stall eingereiht, auf Kunststoffmatten, und gern auch unter dem sogenannten Kuhtrainer, einem Metallbügel, der elektrische Schläge verteilt. Der Trainer bestraft das Tier, wenn es an der falschen Stelle Urin oder Kot lässt, er bringt ihm bei, sich direkt in einen dafür vorgesehenen Fäkalienkanal zu entleeren; dieses Verfahren kommt den Bauern billiger, als die Stallmatten zu reinigen. Bald wird die Kuh zum ersten Mal besamt, das tiefgefroren angelieferte, im Versand bestellte Sperma eines Zuchtbullen wird ihr durch ein langes Kunststoffröhrchen in die Gebärmutter injiziert. Die Austragung des Kalbs dauert neuneinhalb Monate, und die Geburt ist für den Bauern ein wichtiger Moment, weil nun erst der eigentliche Nutzwert der Kuh beginnt: Sie produziert, selbst fast noch ein Kalb, Milch.

Zu den immer selben Zeiten wird sie an die Melkmaschine angeschlossen, viele Bauern rhythmisieren das Leben ihrer Kühe heute mit Musik, die immer zur selben Zeit einsetzt, oder sie lassen im Stall kleine Lichtorgeln mit farbigen Lampen spielen, die die Tiere überdies beruhigen sollen. Eine Kuh, die 6000 Kilogramm Milch pro Jahr produziert, gilt heute in Deutschland als Durchschnitt, vor 50 Jahren lag die Milchleistung eines Tiers noch bei 2600 Litern, die Kuh lebte 15, wenn nicht 20 Jahre lang, während sie heute kaum mehr ihr fünftes Lebensjahr erreicht. Denn die

Hochleistung überfordert die Kühe, sie können nicht soviel fressen, wie sie Energie bräuchten, sie leiden, ihr Kreislauf wird instabil, ihre inneren Organe verändern sich krankhaft, sie müssen behandelt werden, leiden an Entzündungen des Euters, brauchen Antibiotika, Enzyme, Impfungen, für höhere Milchleistung werden sie behandelt mit Fließhilfsstoffen, Mineralien, Vitaminen, Emulgatoren. Häufig verlieren die Tiere die Kontrolle über ihre Zungen, die nicht trainiert werden, weil das Futter eingeschüttet wird, und die Kuh es nicht selbst von der Weide reißen muss, sie schlenkert herum ums Maul. Etwa 300 Tage nach dem ersten Kalben sind die Kühe leer. Und werden sofort neuerlich besamt. Kein Jahr nach der ersten Geburt folgt die zweite, und es beginnt eine neue Runde der Milchproduktion, die Bauern hoffen, dass es auch noch eine dritte gibt, dann aber ist in aller Regel Schluss, die Kuh ist nach spätestens fünf Jahren am Ende, ausgelaugt, die nächste Fahrt geht zum Schlachter und aus vielen deutschen Milchkühen werden Hamburger für die Fast-Food-Nahrungskette.

Man weiß von Kühen, von Rindern, dass sie 35.000 Geschmacksknospen auf der Zunge tragen, 26.000 mehr als der Mensch. Sie sind so ausgestattet, damit sie ihr Futter prüfen können. So sensibel ist ihr Geschmackssinn und ihre arterhaltende Vorsicht, dass sie Tiermehl oder chemische Zusätze normalerweise verweigern würden. Der Rechercheur und Publizist Hans-Ulrich Grimm hat herausgefunden, dass viele Kraftfutter deshalb mit künstlichen Aromen »maskiert« werden, um die Tiere zu täuschen. Sie werden, für unsere billige Milch, tatsächlich in jeder Hinsicht gequält und bestenfalls wie eine Maschine behandelt. Aber sie sind keine Maschinen, eigentlich sind Rinder erstaunliche Lebewesen, sie prägen in der Herde soziale Rangordnungen aus, wie der Schweizer Reporter Erwin Koch notiert hat: »Jedes Rind«, schreibt Koch, »ist fähig, 150 andere Rinder zu unterscheiden. Sie halten eine Ausweichdistanz, kommen sich, wenn sie können, meist nicht näher als ein bis drei Meter.« Aber in der Schweiz etwa, hat Koch recherchiert, und es ist in Deutschland und im sonstigen Europa nicht wesentlich anders, werden einer 600 Kilo schweren Milchkuh in der Regel nur 1,8 bis 2,2 Quadratmeter Stallbodenfläche zugebilligt.

Wir wissen solche Dinge nicht und wollen sie nicht wissen, als hätten wir uns kollektiv und heimlich verabredet, sie zu ignorieren. Diese Verschwörung ist alt, man kann sagen, dass sie im 20. Jahrhundert erfolgreich daranging, die Nutztiere als Lebewesen aus unserem Gesichtskreis verschwinden zu lassen. Das zeigt sich nicht nur daran, dass die Schlachthöfe weggezogen sind aus menschlicher Nachbarschaft in kühle Gewerbegebiete, es lässt sich auch daran ablesen, dass die großen Produktionsstätten der Landwirtschaft heutzutage, von den Operettenaufführungen mit Namen »Urlaub auf dem Bauernhof« abgesehen, No-go-Areale geworden sind, die militärischen Sperrbezirken gleichen.

Die Tendenz zum Verschwindenlassen ist aber auch im Geschäftsbetrieb der Supermärkte und Metzgereien zu beobachten. Die vermarkteten Stücke sind im Laufe der Zeit immer kleiner geworden, immer unkenntlicher, immer vorgefertigter, die zugehörigen Tiere, die Lieferanten immer unsichtbarer. Das Schwein löste sich in Koteletts auf, das Rind in Scheiben und Würfel, das Huhn in Brustschnitzel, und dieser Prozess ist noch lange nicht zu Ende. In diesen Jahren am Beginn des neuen Jahrtausends, da der Markt für »Convenience«-Produkte, vorgefertigte Esswaren, fantastische Erfolge feiert, verschwinden die Tiere vollends aus unserer Lebenswelt. Schweine finden sich nur mehr als Schinkenstreifen auf Tiefkühlpizza, Rinder als unsichtbarer Geschmacksextrakt in Ravioli, das Huhn ist zum panierten »Nugget« geworden, seine Knochen haben irgendwann eine Tütensuppe zur Geschmacksverstärkung gestreift. In einem Paradoxon ließe sich sagen, die Tiere müssen verschwinden, damit wir sie weiterhin essen können. Ihre Verdrängung aus unserer Lebenswelt dient jedenfalls der Vertuschung der Verhältnisse, wie wir sie uns erschaffen haben.

Die Lage ist schwierig, weil ein diffuses Wissen um diese Fehlentwicklungen durchaus vorhanden ist, parallel dazu aber die romantisch-verklärten Bilder einer idyllischen Bauernwirtschaft beharrlich dominant bleiben und die Nahrungswirtschaft alles tut, diese heile Welt mit Milliardeninvestitionen in einschlägige Werbung als Schimäre am Leben zu erhalten. Tatsächlich läuten zur Zeit der Werbeblöcke noch immer die Kuhglocken aus dem Fernseher, frische Frauen in Tracht durchstreifen sommerliche Almen, schöpfen Rahm aus Holzbottichen und decken weiß gedeckte Tafeln vor alten Bergbauernhöfen, an denen die Geranien leuchten. Die norddeutsche Variante zeigt Kaffee- und sonstige Festgesellschaften unter prächtigen Ahornbäumen, man schneidet sich dicke Kanten von Brot und Schinken ab oder holt, in der ostpreußischen Variante, gedeckte Obstkuchen aus gusseisernen Öfen.

Schweine, Hühner, Rinder begegnen uns fröhlich als Zeichentrick-Figuren, Kühe grasen in sagenhaften Märchenwelten, und alles Tierische scheint sich darauf zu freuen, bald schon in dieser Wurst, in jener Tiefkühl-Lasagne oder jener Mikrowellen-Terrine zu landen. Es wäre dies alles geschenkt, wenn man nicht glauben müsste, dass wir Zuschauer genau diese Scheinwelten vor Augen haben, wenn wir ans Essen und seine Produktion denken. Wir wollen dieses Schöne glauben, wider bessere Ahnung, weil wir die hässliche Kehrseite unseres Lebensstils eigentlich nicht ertragen können. Das Mindeste an Aufgeklärtheit wäre aber doch, die Tierfabriken und Massenproduktionsstätten nicht klammheimlich für uns laufen zu lassen, sondern eben bei vollem Bewusstsein; aufgrund der kühlen Entscheidung, dass wir so und nicht anders leben wollen, und dass wir dafür eben einen Preis zu entrichten bereit sind, selbst wenn er darin besteht, dass unser Umgang mit Tieren ethisch-moralische Probleme aufwirft.

Aber niemand will eine solche Entscheidung fällen. Ein Großteil der Konsumenten verbraucht Fleisch so bewusstlos wie ignorant, ein kleiner aufgeklärterer Teil meint noch mit heiler Haut davonzukommen und flüchtet sich zu einer Politik, die vorgaukelt, dass die Ankunft in der bäuerlichen Märchenwelt, sie trägt in unseren Jahren die Plaketten »bio« oder »öko«, doch möglich wäre. Aber das ist gelogen. Die Gegenrechnungen sind einfach: Wenn wir unseren Fleischkonsum auf über 50 Kilogramm pro Kopf und Jahr halten wollen, wenn jeder Einzelne von uns weiterhin jedes Jahr 220 Eier verbrauchen will (das sind, bei 80 Millionen Deutschen, 17,6 Milliarden Stück), wenn das alles auch genauso spottbillig bleiben soll, wie es seit 30 Jahren ist, dann werden wir es weiterhin mit einer industriellen Fleischherstellung zu tun haben samt »Chicken-Sexern«, »Kükenmusern«, Schweinefabriken und Kuhtrainern.

Es geht darum, sich keine Illusionen zu machen. So erfreulich es ist, dass Projekte zur Pflege einer tier- und naturgerechten Landwirtschaft wieder Boden gutmachen, so kindergläubig wäre es, in ihr die Zukunft zu sehen. Die Fragen, die sich an uns richten, wenn wir über Lösungen nachdenken, sind in Wirklichkeit andere: Können wir uns vorstellen, zum »Sonntagsbraten« zurückzukehren? Den Fleischkonsum mindestens zu halbieren, wenn nicht noch viel weiter einzuschränken? Ist es denkbar, dass wir unser Leben so verändern, dass wir wieder einen viel größeren Teil unseres Geldes für die Nahrung ausgeben? Dass wir für besseres Fleisch auf andere Konsumgüter verzichten? Die ehrliche Antwort muss lauten: Nein, das können wir nicht. Denn es käme einem Umsturz heutiger Verhältnisse gleich.

Kommt die Umkehr nicht, so müssen wir uns zumindest darauf einrichten, dass der Gesellschaft weitere Verwerfungen drohen. Die ungute Hitzigkeit, wie sie etwa im Streit von Nichtrauchern und Rauchern schon harmlos aufflammt, kann man sich zwischen Vegetariern und Fleischfressern noch weit böser vorstellen. Der Rigorismus militanter Tierschützer nimmt schon seit längerer Zeit Formen an. Bereits jetzt werden Partisanenaktionen zur Befreiung von

Kühen und Hühnern inszeniert, und, wer weiß, eines Tages könnten auch die Fleischfresser selbst und ihre Lieferanten in den Fokus spektakulärer Aktionen geraten, die dann dem von Hans Magnus Enzensberger beschworenen »molekularen Bürgerkrieg« der Zukunft neue Schlachtfelder bis hin zum Terrorismus eröffnen. Spätestens wenn die Gentechnik in der Lebensmittelproduktion ihren Durchbruch schafft, und sie steht kurz davor, wird die Auseinandersetzung zweifellos an Hässlichkeit zunehmen.

So hat die beschriebene Unmündigkeit aus Unwissen schwer zu fassende Folgen für unser Zusammenleben über die Organisation unserer Tier- und Nahrungsproduktion hinaus. Eine Gesellschaft, die sich fortgesetzt derart große Operationen der Verdrängung und Vertuschung erlaubt, arbeitet auch daran, ihr allgemeines Unbehagen am Zustand der Welt zu vergrößern. Der unwissende Konsument ist nicht der aufgeklärte Bürger, wie ihn die moderne, schwierige, komplexe Gesellschaft brauchen kann. Wer auf dem gewaltig großen Feld der Nahrungsherstellung seine Möglichkeiten zu Kritik und Kontrolle derart schläfrig verspielt, wer einfach so seine Freiheit herschenkt und seine Wahlmöglichkeiten an eine nicht transparente Industrie, wird sich auf anderen, vielleicht wesentlicheren Feldern auch leichter düpieren lassen.

Es tut Not, das große Schweigen zu beenden. Die genannten Probleme müssen Gegenstand einer öffentlichen Debatte werden, die intelligenter verläuft als der bisherige Austausch nur tagesaktueller Aufgeregtheiten. Wir müssen Wege finden, einerseits die Massentierhaltung für die Tiere (und damit für uns selbst) erträglicher zu gestalten, aber wir müssen uns andererseits und vor allem Rechenschaft darüber ablegen, welchen Lebensstil wir uns mit welchen Folgen leisten wollen – und auf Dauer leisten können. Voraussetzung ist, dass wir die Welt zur Kenntnis nehmen, wie sie ist. Nur wenn wir die Gepflogenheiten heutiger Tier- und Fleischproduktion wirklich kennen, können wir darangehen, sie in unserem Sinne zu gestalten. Und mag auch die große Umkehr nicht möglich sein, so kann dies nicht die Ausrede dafür bleiben, dass wir nicht einmal Verbesserungen angehen, die jederzeit in unserer Macht lägen.

Und was essen wir morgen?

Menüvorschläge aus dem globalen Supermarkt

Heiße Tassen, Maggi Wirtshaus und E 621 (Glutamat)

Supermärkte: Eine Wanderung durch das Schlaraffenland des kulinarischen Analphabeten mit Besichtigung »naturidentischer« Sensationen

Kann die »Rostbratwurst joghurtleicht« aus dem Hause Lutz ein Verkaufsschlager werden, ein »herzhafter Genuss ohne Reue« für die Massen, eine Grillwurst zu 25 Prozent aus Joghurt? Wird »Pünktchen Pelle«, die Leberwurst für Kinder von Stockmeyer, angereichert mit Vitaminen, Calcium und einem »kindgerechten Geschmack«, verpackt im »bunt bedruckten Smarties-Darm«, ihre Zielgruppe erreichen? Ist das »Wiesenhof Chicken Snack's Popcorn« ein Treffer, Hühnerbrustfilet »in kleine Stücke geschnitten, unterschiedlich gewürzt und paniert sowie bereits gegart«, sodass seine Zubereitung in der Friteuse nur noch eine, in der Pfanne zwei Minuten dauert? Kann die »Balance« Putenfleischwurst von Bernhard Matthews, gemacht aus Truthahn, Broccoli, Karotten und Joghurt, angereichert mit den Vitaminen B, C, E und H einen Trend setzen? Werden die »Drillinge« von Metzger Moritz Erfolg haben, die die Leberwurst »neu genießen und erleben« lassen, etwa als »Delikatess-Leberwurst mit Lachs«?

Wie wird sich das vorgeschmierte Butter-Baguette von Meggle machen, der »besondere Snack«, mit Kräutern und Käse bestreut, aus der Packung fix und fertig zum Aufbacken? Wird das »Lunchpaket Lunchy« in künftigen Mittagspausen Furore machen, »das komplette Mahlzeitchen« aus Portionspackungen in einer »praktischen, wiederverschließbaren Tragebox«? Backen wir uns künftig ein komplettes »Gyros-Brötchen mit Krautsalat« in der Mikrowelle auf, »als Snack für zwischendurch, als schnelle Mahlzeit, auch für Partybuffets«? Oder schieben wir lieber ein »verzehrfähiges (sic!) Rip-Hacksteak« von Dieter Hein in die Röhre, mit Ketchup, Tsatsiki oder Asia-Dip, Zubereitungszeit 90 Sekunden bei 600 Watt? Greifen wir nach dem »Crazy Chicken«, jenen »raffiniert vorbereiteten Putenschnitten mit Bolognesefüllung, als Cordon bleu, Hähnchensticks oder Truthahn-Kroketten« von Schulte und Sohn, garantierte Zubereitungszeit höchstens zehn Minuten?

Oder werden wir Lust verspüren, »Petipat« kennenzulernen, das Truthahn-»Pastetchen« von Höhenrainer Delikatessen, in den »köstlichen Geschmacksvarianten fruchtig-pikant (Erdbeer mit grünem Pfeffer), exotisch-frisch (Mango mit Ingwer) und feinwürzig-mild (Trüffel mit Marc de Champagne)«? Essen wir dazu eine Portion »Pom' Cuisine« von Bonduelle, »das Produkt für eilige Kartoffelgenießer« aus Gemüse und Kartoffeln, »muss einfach nur erhitzt werden und eignet sich ideal als Beilage«? Und als Vorspeise vielleicht eine Portion Gnocchi aus dem »Fresh Cup« von Hilcona, einem »Doppelkammerbecher« für die Mikrowelle, der Soße und Pasta bis zum Verzehr sauber getrennt hält? Danach dann ein Stück »Altböhmischen Apfel- oder Zupfkuchen« von Coppenrath und Wiese, ein »Monster« und eine »Krazy Roll« von Nestlé/Motta oder doch den »Pyramiden-Kuchen« von Dr. Oetker, auf dem sich »leichter ›Wüstensand‹ aus Gebäckbröseln ausbreitet, das Ganze eindrucksvoll verziert mit Palmen und Kamelen aus Schokolade«?

Es sind dies alles reale »Produktinnovationen« der Lebensmittelindustrie am Beginn des neuen Jahrtausends in Deutschland, wie sie über den Daumen gepeilt ein Dutzend Mal pro Woche verkündet werden. Manche überleben nicht einmal das erste halbe Jahr am Markt, manchen wird ein längeres Leben geschenkt sein, »Trends« setzen wollen sie alle. Nur wer heute eine gute Produktidee hat, kann noch auf Wachstum hoffen in einem buchstäblich gesättigten Markt, nur wer den Zeitgeist erfasst und ihn portionsweise käuflich macht, eröffnet sich neue Geschäfte, und so schießt die Kreativität provinzieller Mittelständler ebenso wie die der großen Food-Designer ins Kraut, die mit Konzernen und Marktstudien im Rücken immer neue Versuchsballons über den Tellern aufsteigen lassen. Es geht dabei um sehr viel Geld. Im Jahr 2002 wurden in Deutschlands Super- und Verbrauchermärkten fast 100 Milliarden Euro umgesetzt. Solche Zahlen wecken Begehrlichkeiten, aber die Nischen für große Markterfolge werden ständig schmaler. Man stelle sich vor: Lachs in der Leberwurst, Marc de Champagne in der Massenpastete, Bolognese im Truthahn, Popcorn aus Huhn – wer sich derlei einfallen lässt, zielt nicht mehr wirklich aufs Große und Ganze; er sucht nur noch die kleine

Zielgruppe und lotet dabei wie nebenbei die Grenzen einer Kultur aus, die geschichtsvergessen und kulturell ungefestigt mit dem Essen wieder kindlich zu spielen beginnt.

Mitte der fünfziger Jahre, als man beim Wort »Essen« noch vorrangig an unbehandelte, lose verkaufte, selbst zu verarbeitende Grundprodukte dachte, an Fleisch, Fisch, Gemüse, Getreide, Brot, Milchprodukte, die man bei Spezialhändlern kaufte, führten die ersten großen Lebensmittelläden im Durchschnitt 1400 Artikel, und sie machten viel Furore. Wer heute einen durchschnittlich sortierten Supermarkt betritt, muss gefasst sein auf 7000, 8000 Produkte, die sich zu Grundnahrungsmitteln verhalten wie die Darwin-Finken zur Gattung Vogel: Sie spielen ein Thema in endloser Variation, bis zur Unkenntlichkeit der Ausgangsmelodie. Deutschlands klügster Essenskulturforscher Uwe Spiekermann hat errechnet, dass 1996/97 binnen zwölf Monaten mehr als 300 Getränke, 200 Süßigkeiten und fast 200 Molkerei- und Tiefkühlartikel mit einem Werbeaufwand von vier Milliarden Mark neu auf den Markt gebracht wurden. Für Lebensmittel sind heutzutage 230.000 Strichcodes vergeben, von denen nach Schätzungen etwa 74.000 wirklich im Handel zu haben sind, 74.000 Artikel, die von uns gekauft, verbraucht, gegessen werden könnten. Überwältigend ist dieser Reichtum; überwältigend auch die Ratlosigkeit, die er für den Einzelnen mit sich bringt.

Zu haben ist alles, in jeder Preisklasse, für scheinbar jeden Geschmack und Anlass, für jede kulinarische Vorbildung, für jeden küchentechnischen Maschinenpark, selbst für jeden Bildungsgrad, jeden Lebensabschnitt, jeden soziokulturellen

Hintergrund. Es ist den Namen der Produktserien abzulesen, für wen, für wann, für wie oft sie gemacht sind. Die Tütenparade »Maggi-Wirtshaus« sucht spürbar andere Käufer als die »Spaghetteria« von Knorr, die Unox »Heiße Tasse« zum Aufbrühen konkurriert nicht mit der eingedosten Rinderconsommé »au Charolais« von Lacroix, die »Fünf-Minuten-Terrine« hat andere Käufer als der »Asia Nudel-Snack« oder die »Maggi Meisterklasse« aus der Tüte. Wer im Sortiment »Chilled Food« für das Iglo-4-Sterne-Menü »Hähnchen in Salbei« ins ewige Eis greift, wird mutmaßlich das A+P »Alaska-Seelachsfilet natur« links liegen lassen oder eben auch nicht. Im Schlaraffenland heutiger Supermärkte, wo die Wirklichkeit dem Märchen am allernächsten gekommen ist, liegen zwischen Peking-Suppe, Frutti di Mare, Bratkartoffeln, Cheeseburgern, Curry-Huhn Bombay, Rennsteig-Fleischpfanne, Spargel-Romanesco-Gratin, Pizza Boston, Chicken Tacos, Elsässer Flammkuchen, Sauce hollandaise und diversen »Bruschetta-Toppings« immer nur ein paar Zentimeter Regalbrett oder eine Kühlschranktür.

Schwer auszudenken, was diese Überwältigung für unser Leben bedeutet. 85 Prozent aller Deutschen gehen regelmäßig im Supermarkt einkaufen, er muss als eine wesentliche Bühne unseres Alltags gelten und als ein Ort, der an unserer Weltwahrnehmung gehörigen Anteil hat. Der Supermarkt bildet Wandel und Dauer gleichzeitig ab. Er kennt das Versichernde der guten alten Maggi-Flasche oder des namenlosen Dosenrindfleischs ebenso wie das Verunsichernde exotischer Ansprache oder einer Wurstscheibe, aus der Gesichter lächeln. Er ist ein Ort, an dem wir mit Konjunkturen in

Berührung kommen, die wir ohne ihn so nicht registrieren könnten. Das stete Wachstum der Tiefkühleinheiten über die Jahre und Jahrzehnte, das immer größere Angebot an Fertiggerichten, das Schrumpfen der Abteilungen für Mehl, Zucker, Salz, die Dominanz italienischer und amerikanischer Sprachspiele, die Geburt tausenderlei Gebäcks und Brots in halbgarem Zustand, die Karriere mexikanischer, spanischer, griechischer oder diffus asiatischer Klischees auf Verpackungen – all dies nehmen wir im Supermarkt gebündelt zur Kenntnis, es macht uns alle zu Soziologen des Alltags auf Ortstermin. Anzunehmen, dass wir im Supermarkt ein Gutteil unserer Rückschlüsse auf vorhandene Lebensstile ziehen, aber auch auf die Beschaffenheit der Wirklichkeit ganz generell, weil wir im Supermarkt zum Beispiel begreifbare Bilder und Verständnisangebote erhalten für ansonsten unverstandene Prozesse wie die Globalisierung, die deutschdeutsche oder die europäische Einigung.

Es ist keine Kleinigkeit, wenn in einem Spar-Markt am östlichen Stadtrand Berlins 15 Jahre nach dem Mauerfall vietnamesische Fischsoße, italienische Nudeln, indischer Tee und französische Maishähnchen zu kaufen sind; es ist eine Revolution. Das große Grau der HO-Läden der DDR, in denen Halberstädter Würstchen, Pulsnitzer Lebkuchen und Dresdner Stollen für das bisschen kulinarischen Glanz standen, das der real existierende Sozialismus in Heimarbeit zustande brachte, ist dem Knallbunten der westlichen Warenvielfalt rasend schnell gewichen. Dabei gestalteten sich die ersten Begegnungen der diktaturgewöhnten Ostdeutschen mit dem fabelhaften Reichtum kapitalistischer Produktion vielsagend schwierig. In die Gesichter der mutigen Vorhut, die im Winter 1989 in den Städten westlich der gefallenen Grenze das erste Mal die großen Supermärkte betrat, spiegelten sich mehr Entsetzen und Fassungslosigkeit als Lust oder gar Vorfreude auf eigenen Konsum. Im Supermarkt bildete sich spürbar die Komplexität westlicher Lebensverhältnisse ab, und sie gab den Neulingen eine erste Idee davon, welche Anstrengungen ihnen bald abverlangt würden.

Der an soviel Optionsreichtum längst gewöhnte Westbürger hätte vom Schock der Landsleute lernen können, wie groß die tägliche Anstrengung ist, die er sich mit der fantastischen Wahlfreiheit im Supermarkt neben allem Mehrwert auch eingebrockt hat. Aber statt wenigstens für einen Moment innezuhalten, zog er es vor, stolz zu sein auf die kapitalistische Überlegenheit und den Dingen ansonsten ihren Lauf zu lassen. Eine Debatte damals wäre indessen so sinnvoll gewesen, wie sie es heute noch immer ist. Sie könnte Zahlen unter die Leute bringen, die in einem aufgeklärten Gemeinwesen Gemeingut sein müssten, aber es nicht sind. Wer weiß etwa, dass sich in Deutschland zehn Konzerne 85 Prozent des gesamten Lebensmittelmarktes teilen? Wer ahnt, dass jede vierte Banane in Deutschland mittlerweile bei Aldi verkauft wird? Dass 43 Prozent allen Obsts von Discountketten vertrieben werden? Dass heute fast die Hälfte des Frischfleischs nicht mehr lose beim Metzger gekauft, sondern verpackt und portioniert aus dem Kühlregal gezogen wird? Dass jeder Deutsche, vom Säugling bis zum Greis, im Jahr 2001 durchschnittlich 35 Kilogramm Tiefkühlpizza gegessen hat? 35 Kilogramm Pizza! Fast 90 Stück!

Derlei Großstrukturen haben Folgen. Die Tonnenideologie der Hersteller und Handelsketten drückt stärker auf Preise und Angebot, als uns lieb sein kann. Die schieren Mengen, die die Konzerne für den laufenden Betrieb brauchen, haben Weiterungen, die wirksam sind in unserem Leben, aber unkritisierbar bleiben, weil niemand sie thematisiert: Man kann sagen, die meisten Bauern und Fischer produzieren nicht mehr für Herrn Müller und Frau Meier, sondern für Käpt'n Iglo, Fünf-Minuten-Terrine, Asia-Nudel-Snack und Co. Die Konzerne, ausgestattet mit fast monopolistischer Marktmacht, diktieren den Produzenten über die Niedrigstpreise auch die Produktionsverfahren. Wer als Eierlieferant mit Aldi oder Edeka ins Geschäft kommen will, kann nur ein Massentierhalter sein. Und der Großbauer, der das ökonomische Glück hat, Kartoffelextrakt und Karottenpulver für Unilever oder Nestlé herzustellen, schert sich nicht länger darum, ob er ein paar Kilo Weißkohl oder Kopfsalat auf dem Wochenmarkt am Rathaus losschlagen kann; er hat Besseres zu tun, er muss Masse machen. Er reduziert seinen Betrieb, der vielleicht einmal ein gemischter Bauernhof war, auf eine monokulturelle Fabrik.

Tatsächlich ist für die Bewohner der kleineren Städte die Möglichkeit der Selbstversorgung mit frischen, unbehandelten Produkten nicht mehr selbstverständlich vorgesehen. Fischhändler sind in deutschen Kleinstädten längst eine Seltenheit, und wer eine frische Gans oder eine Wildente oder nur ein besonderes Stück vom Rind oder ein ausgefallenes Gemüse oder eine bestimmte Sorte Kartoffeln sucht, wird sie immer seltener direkt vor Ort finden. Warum den sündhaft teuren Vertrieb frischer Fische organisieren, wenn sie doch in Blöcken tiefgefroren in jedem Supermarkt herumliegen? Warum Blattspinat durch die Republik karren, wenn er doch mit oder ohne »Blubb« jederzeit als Tiefkühlprodukt zu haben ist? Warum viele Kartoffelvarianten anbauen, wenn die meisten Konsumenten vom »Convenience«-Angebot der Industrie längst so zugerichtet sind, dass sie selbst den groben Unterschied zwischen »mehlig« und »festkochend« kaum mehr bemerken? Warum Wochenmärkte mit saisonalen, regionalen Produkten am Rathaus organisieren, wenn die Leute nicht mehr Wirsing und Rosenkohl, sondern Spargel und Kirschen, und zwar mitten im Winter, verlangen?

Convenience heißt soviel wie Annehmlichkeit, Bequemlichkeit. Gemeint ist, dass uns die Mühsal des Nachdenkens über unseren Speiseplan, der Einkauf von Produkten, ihre Zubereitung am Herd, ihre Präsentation auf dem Tisch abgenommen werden sollen, um Zeit zu gewinnen für andere Aktivitäten in der Freizeit. Bezahlt wird diese Erleichterung damit, dass uns das Essen insgesamt, seine Herkunft, seine Beschaffenheit, seine Magie entgleitet, dass uns unser Essen generell fremd wird. Wir delegieren seine Komponenten an anonyme Industrien, die es sich zur Aufgabe machen, uns sozusagen treuhänderisch zu ernähren. Dies führt dazu, dass das Essensangebot im Supermarkt, unserer entscheidenden Bezugsquelle, praktisch komplett in irgendeiner Form bis zu irgendeinem Grad vorbehandelt wurde, portioniert, gewürzt, kombiniert, abgepackt, tiefgefroren, verschweißt, verzehrfertig gemacht. Es führt zugleich, trotz der schillernden Vielfalt, die die Regale heute behaupten, zu einer an Moden und Lifestyle-Trends orientierten Ernährung, die wir selbst nur noch zu kontrollieren glauben. Und es führt, trotz aller ausgestellten, multikulturellen Buntheit zu einer paradoxen Vereinheitlichung, einer Gleichmacherei des Geschmacks.

Ihr widmet sich mittlerweile eine ganze Aromaindustrie, deren chemisch-physikalische Hexenkünste geeignet sind, Erdbeeraroma aus Sägespänen zu gewinnen, und die aus natürlichen oder künstlichen Ausgangsstoffen jeden erdenklichen Geschmack zu extrahieren verstehen, vor allem in jeder erdenklichen Intensität. Wenn aus zwei Gramm Trockenfleisch in der Tüte eine Hühnersuppe wird oder aus 670 Milligramm Rind eine Bouillon, dann sind die Aromakonstrukteure nicht weit. Sie bringen den Grillrauch an die Texas-Pfanne, die Mango in den Joghurt, das Zitronige in die Limonade, sie erwecken, wie Hans-Ulrich Grimm recherchiert hat, mithilfe von 2-Acetyl-1-Pyrrolin den Eindruck von Weißbrotkruste, der Stoff Filberton bringt die Idee von Haselnüssen ins Hirn, und winzige Zugaben von Menthenthiol reichen aus, um frischen Grapefruitsaft auf die Zunge zu fälschen. Keine Überraschung, dass der deutsche Branchenführer Haarmann & Reimer, Nummer fünf weltweit, eine Tochter des Chemieriesen Bayer ist. Die Firma macht 885 Millionen Euro Jahresumsatz, man erahnt an dieser Zahl die Größe des ganzen Geschmacksmarktes. Jeder Deutsche nimmt mittlerweile täglich 0,04 Gramm Aromastoffe mit der Nahrung auf, das klingt nach nichts, aber es entspricht etwa einem Pfund aromatisierter Lebensmittel. Mit anderen Worten: Ein Drittel bis die Hälfte der Nahrung, die wir täglich zu uns nehmen, ist geschmacklich von der Aromaindustrie frisiert.

Unüberschaubar ist längst die Liste der erlaubten Zusatzstoffe geworden, ein politischer Skandal die Diskussionen darüber, wieviel davon auf den Packungen ausgewiesen werden muss oder nicht. Unser Essen ist ein Mix geworden aus Grundprodukten und Treibgasen, Süßungsmitteln, Konservierungsstoffen, Farbstabilisatoren, Antioxidantien, Verdickern, Geschmacksverstärkern, Backtriebmitteln, Emulgatoren. Keine Limonade ohne künstliche Süße, sie mag Saccharin, Cyclamat, Aspartam, Acesulfam-K oder Neohesperidin-DC heißen, keine Margarine oder Mayonnaise, die nicht Spuren der Zusatzstoffe E 472a bis f enthielte, Emulgatoren genannt. Natürlich: Die Industrie hat sich für alle diese Stoffe, es sind Hunderte, ihre Umdefinitionen bereitgelegt, spricht von »natürlichen« oder »naturidentischen« Stoffen und zeigt mit solchen Wortschöpfungen doch nur, dass es einen simplen Umstand zu verschleiern gilt, nämlich: dass wir immer häufiger mit Kunststoffen abgespeist werden.

Und es gibt erstaunliche Dinge im Katalog der Zutaten: E 239 etwa, Hexamethylentetramin, ein Stoff »zur Verhütung der Spätblähung von italienischem Hartkäse«, E 154, auch genannt »Braun FK«, ein synthetischer Farbstoff »für englische Räucherfische«, E 579, Eisen-II-gluconat, »zum Schwärzen von Oliven«, E 230, Biphenyl, zur »Oberflächenbehandlung von Zitrusfrüchten«, E 385, Calciumdinatriumethylendiamintetraacetat, das ist ein Wort mit 40 Buchstaben, und es benennt einen Stoff, der Gemüsekonserven, Fische und Garnelen vor Verfärbungen schützt.

Es soll hier nicht behauptet werden, wie dies in aufgeregten Pauschaldebatten ab und an geschieht, die genannten Stoffe und Zusätze seien eine stete gesundheitliche Gefahr für die Esser (wofür es rein medizinisch bislang keine Beweise gibt). Der Fokus hier liegt auf dem Phänomen, wie stark unsere Nahrung ins Unnatürliche verformt wird, wenn sie in Händen einer in Massen produzierenden Industrie liegt. Tatsächlich haben wir längst die Kontrolle verloren über die Verfahren, nach denen unser Essen behandelt, hergestellt, haltbar und schmackhaft gemacht wird. Unaufgeklärte, auch: entmachtete Esser, die wir geworden sind, haben wir die Fertigungsmethoden und Hilfsstoffe der Industrie buchstäblich zu schlucken, und es wäre naiv, darauf zu hoffen, dass eine Branche mit so großer Marktmacht jederzeit verlässlich von einer strikt auf Qualität gerichteten Gesundheitspolitik kontrolliert würde. Es bräuchte, analog zur stolz verkündeten »Agrarwende«, auch eine Wende in Sachen Essen, eine gesellschaftliche, von der Politik unterstützte Debatte darüber, wie wir vernünftigerweise ein »Zurück zur Natur«, zur Natürlichkeit in Sachen Essen organisieren könnten.

Die Zeit dafür läuft, und sie läuft schnell. Denn es ist kein Ende der »Innovationen« in Sicht. Mindestens fünfstellige Euro-Beträge lassen sich die großen Konzerne Kraft, Unilever, Campbell, Heinz oder Nestlé die Entwicklung eines neuen »Nassfertigprodukts« oder einer Tütensuppenserie kosten. Große Abteilungen arbeiten leicht zwei Jahre an der Umsetzung einer Produktidee, ehe diese ihre Marktreife erlangt. Nestlé allein investiert jährlich über 500 Millionen Euro in »Forschung und Entwicklung«, und damit sind nicht Maschinen oder Verfahren, sondern vor allem neue Suppen, Würzkonzentrate, Eintöpfe gemeint. Zehn Konzerne bekochen uns, das heißt auch, dass uns diese zehn Anbieter mit ihren Auffassungen von kulinarischer Vielfalt beglücken. Wir sind auf sie angewiesen, von A bis Z, mit ihnen entdecken wir die Küchen zwischen Orient und Okzident, wir lassen sie entscheiden, wann wir reif sind für eine Neuerung, eine Weiterung unseres kulinarischen Gesichtskreises, sie nehmen uns je nach Laune mit in die gute alte Zeit, zur Jause auf den Bauernhof, zur Tiefkühlpizza ins New Yorker Loft, zum Picknick auf die Blumenwiese oder zu Mama Miracoli an den kinderreichen Familientisch.

Die Branche muss als so wirkmächtig angesehen werden, sie bestimmt so tiefgreifend unseren Alltag mit, dass man darüber nachdenken müsste, ihre Chefs durch das Volk wählen zu lassen. Wer kann wirklich sagen, ob der »Megatrend Italien« von den Konsumenten erzwungen oder von den Produzenten mit vielen Milliarden Euro für Werbespots ins Werk gesetzt wurde? Welcher Verbraucher hätte sich die Einführung von Popcorn aus Huhn erträumt? Oder Lunchy, das Lunchpaket? Oder Leberwurst mit Lachs? Wenn es wirklich »Megatrends« gibt, dann heißen sie nicht »Italien«, »Großmutters Küche«, »Snack« oder »Finger-Food«. In Sachen Essen heißen die deutschen Megatrends viel eher Unwissenheit, Inkompetenz, Bequemlichkeit, Desinteresse, Kulturverlust. Auf diesen Säulen ist der Erfolg aller

Fertignahrung errichtet. Einfachsten Kriterien unterliegt das Design der angebotenen Waren, unter denen »guter Geschmack« und ein schwer zu bestimmendes Interesse an »gesunder Ernährung« nur zwei von vielen sind. Mindestens ebenso wichtig sind die Anforderungen an die »Convenience« der Endverbraucher, die das Fachorgan »Lebensmittelzeitung« Ende 2002 treffend in die Worte verdichtete: »Bloß keine Arbeit, keine Fehlerquellen. Packung auf, heiß gemacht, fertig.«

Es ist dies kein Wunder angesichts der Tatsache, dass nach empirischen Erhebungen jeder Deutsche täglich nur noch 40 Minuten mit Essen zubringt und noch weniger mit dessen Zubereitung. Frühstück, Mittag-, Abendessen und alle sonstigen »Snacks« werden abgerissen in weniger als einer Stunde: Auf dem Humus solchen Kollektivverhaltens wachsen die Innovationen der Industrie, wenn sie etwa Trinkjoghurts entwickelt, die das »Frühstück aus der Flasche« propagieren oder tiefgekühlte Gemüse-»Minis«, die mit einer Zubereitungszeit von unter fünf Minuten für sich werben, oder wenn neue Suppenprodukte der Fünf-Minuten-Terrine spürbar Konkurrenz machen, weil sie schon binnen einer einzigen Mikrowellen-Minute »verzehrfertig« zu machen sind. Fast wirkt es, als würde das Essen heute von vielen Zeitgenossen als unerwünschte Störung in einem ansonsten sensationsreichen Tagesablauf empfunden, als käme der Zwang zur Nahrungsaufnahme immer ungelegen, als wäre zwischen »Essen« und »Leben« ein Spannungsverhältnis entstanden, wenn nicht sogar ein Widerspruch.

Die Industrie reagiert auf diese Entwicklungen, die sie aufgreift und fördert zugleich. Ihre Produkte passen sich ein in die von ihr selbst klischeehaft angenommenen Abläufe der hektischen Stadtgesellschaft, von der seit je auch das Trendsetting für die Provinz erhofft wird. Zugleich spiegelt das Warenangebot heutiges Freizeitverhalten bis hin zu den bevorzugten Urlaubsländern, die in den Regalen in Form von Suppentüten, Fisch- und Gemüsepfannen zu einer Parade des gefahrlosen Fernwehs antreten. Chips und Dips werden etabliert als Begleiter allfälliger Video-Abende oder Super-Bowl-Übertragungen, beim gemeinsamen »Kochen mit Freunden« – auch das ist noch vorgesehen – hilft vorgefertigte Party-Ware, die im Baukastensystem mit frischer Ware zum Erlebnis eines gemeinsamen Essens verschraubt wird.

Aber die Grenzen sind den Herstellern eng gesteckt. Die Fähigkeiten zum Kochen, zum Herstellen eines Gerichts aus rohen Zutaten lassen nach, je jünger die Menschen, desto dramatischer scheitern sie an den komplexen Herausforderungen der Küche, und diese um sich greifende Inkompetenz, diese kaum je thematisierte Bildungslücke, dieser ganze neue kulinarische Analphabetismus öffnet, da ja gleichwohl weiter gegessen werden muss, der Lebensmittelindustrie alle Türen und Tore.

Es gibt freilich weiterhin unerstürmbare Bastionen selbst für sie. Sie mag leichtes Spiel haben mit jenen freizeitorientierten, jungen, beweglichen, berufstätigen Milieus, die ihr schöne Jahresbilanzen bescheren. Aber so wie die schweigende Mehrheit in Deutschland bei Umfragen Beethoven sagt und in Wirklichkeit Volksmusik hört, so stehen in dieser Gesellschaft, auch wenn der Anschein anderes suggeriert, weiterhin zur Mittagszeit Fleisch, Kartoffeln und Gemüse auf dem Tisch wie vor zwanzig, dreißig Jahren. Dieser Befund vergrößert noch die Komplexität des Themenkreises Essen. Die Lage ist unübersichtlich, weil sich traditionelle, regionale Gepflogenheiten neben den häufig lärmend vorgetragenen neuen Trends sehr wohl erhalten. Und so wie es sein mag, dass eine wachsende Zahl junger Frauen das Erbe ihrer kochenden Mütter nicht mehr antritt, so stimmt eben auch, dass in vielen Haushalten die althergebrachten Rollenmuster weiterbestehen und die Frauen weiterhin den Haushalt bekochen. Dies ändert allerdings nichts an der zentralen Stellung des Supermarkts in unser aller Alltagsleben und auch nichts an der Macht der Lebensmittelindustrie. Selbst Menschen, die sie als Käufer nicht erreicht, erreicht sie doch als Supermarktbesucher, Fernsehzuschauer oder als Werbekonsumenten. Sie hat somit lebensweltliche Bedeutung für alle, und gemessen an ihrer Bedeutung wissen wir wirklich erschreckend wenig über sie.

Und kaum sind ein paar Fakten ausgesprochen, sind schon wieder neue Entwicklungen im Gange, die unseren Alltag verändern werden. Der mörderische Konkurrenzkampf der großen Handelsketten führt derzeit zu einer Verkleinerung des Distributionsnetzes. Der Hypermarkt draußen auf der grünen Wiese ist wieder im Kommen, und er kratzt an den Bilanzen des kleinen Supermarkts an der Ecke. Die Filialen schließen in den deutschen Städten jedes Jahr zu Tausenden, der Gesamtabsatz der Branche stagniert seit zehn Jahren, und dieses Problem, vor dem im Augenblick vor allem die Händler stehen, wird auf kurz oder lang auch die mit ihnen eng verwobenen Hersteller erreichen.

Aber es gibt nicht nur solche ökonomisch widerstrebenden Entwicklungen, sondern auch regelrechten politischen Widerstand. Im Schatten allgemeinen Globalisierungsunmuts formiert sich Protest gegen die kulinarische Bevormundung, in besser gebildeten, besserverdienenden Milieus machen bäuerlich produzierte Biowaren Karriere, internationale Oppositionsbewegungen von Köchen, Konsumenten und Esskulturverfechtern gründen ihre Ableger, und der gute, alte Wochenmarkt am Rathaus, der schon immer regional strukturiert war, festigt seine Stellung. Darüber wird noch zu sprechen sein.

An dieser Stelle, wo es um den Hauptwarenstrom des Lebensmittelhandels geht, der durch den Supermarkt fließt, sei noch eine Beobachtung festgehalten, die ebenfalls wesentlich zu seinen Phänomenen zählt: Er bringt, obwohl er doch gerade Waren zum Verkauf ausstellt, auf seine Weise die Lebensmittel auf paradoxe Weise zum Verschwinden. Der Kunde muss – abseits der Frischtheken, so es welche gibt – den Eindruck haben, dass für all diese Ragouts in Dosen, die Salamischeiben auf der Pizza, die Speckwürfel in der tiefgekühlten Quiche, das Hackfleisch in der »nassfertigen« Lasagne, dass für alle Esswaren im Supermarkt imgrunde kein einziges Tier gestorben sei und kein einziger Halm geerntet. Die Lieferanten der Grundprodukte und die Grundprodukte selbst sind perfekt zum Verschwinden gebracht. Kein einziges Ei, so scheint es, wurde für all die

Pfannen und Eintöpfe, für die Nudelsnacks und Blitzgerichte gelegt, kein Schwein gemästet, kein Rind geschlachtet, kein Weizen gesät, keine Karotte, keine Kartoffel, keine Zwiebel. Sie sind verschwunden, die Begegnung mit ihnen ist nicht mehr möglich im Supermarkt. Imgrunde sind einige Umfragen überfällig: Woraus sind Chicken Nuggets gemacht? Was ist ein Königsberger Klops? Stammt Schinken vom Schwein oder vom Rind? Ist Lachs ein Süß- oder ein Salzwasserfisch? Woraus besteht Gyros? Was heißt »Spaghetteria«? Die Antworten wären, dazu braucht es wenig Prophetie, erschütternd.

Wer Fleisch nie lebend auf der Weide oder sonstwo hat stehen sehen, sondern nur als Bestandteil von Fertigprodukten kennt, wird früher oder später, weil Begriffe ohne Anschauung leer sind, keine Linie mehr ziehen können zwischen dem Speck auf dem Flammkuchen und dem Schwein, das ihn lieferte. Damit wäre eine jahrhundertealte Kette gerissen, von der zwar niemand genau weiß, was sie zusammenband. Aber man darf annehmen, dass es die Zivilisation selbst ist, die dann zuschanden ginge. Und was für die Produkte gilt, das gilt genauso für die Produktionsverfahren. Irgendwer muss irgendwie doch den Käse gemacht haben, den Schinken geräuchert, die Milch gemolken, die hier tausendfach verarbeitet und verpackt sind; irgendwo muss die Arbeit des Zerlegens und Schneidens, Sammelns und Erntens ausgeführt worden sein, die im Zusammenspiel vieler Hände zu diesen Ergebnissen führt. Aber der Parma-Schinken in Plastik verrät nichts mehr über seine Produzenten, nichts von seiner Tradition, seiner Kultur, seinem Geheimnis, das sich ansammelte über Jahrhunderte; der Camembert, die Pizza, die Paella, das Gyros, in ihren stapelbaren Normschachteln liegen sie nichtssagend da wie x-beliebige Industriewaren, ununterscheidbar von Plastikspielzeug oder Radiergummis, anonym, unsinnlich, und sie behaupten doch, von uns gegessen, zu unserem Genuss werden zu wollen.

Safttage, Fettpunkte und Körpertuning

Diäten: Eine Inspektionstour ins Wunderreich der Wellnesskuren und Schönheitskulte und ein Ausblick auf die neue Welt des Functional Food

An einem beliebigen Donnerstag im Herbst, am Beginn des 21. Jahrhundert, lagen vor den Regalen der Sektion »Gesunde Ernährung« im zweiten Stockwerk des Berliner »Kulturkaufhauses Dussmann« zwölf Buchtitel nebeneinander, gesondert gestapelt, die Deckel nach oben gekehrt, von links nach rechts zwei Meter Buch. Es handelte sich um Neuerscheinungen oder schon um Bestseller, um Bücher, herausgehoben aus dem sonstigen Sortiment als optisches Sonderangebot, Kaufanreize im Dutzend und zugleich stumme Zeugen unserer Epoche.

Die Reihe eröffnete, links außen, das pastellbunte Ernährungsbuch: »Alles wollen, alles können, alles schaffen – Energy«. Es folgten, in exakt dieser Reihenfolge nach rechts hin, »Die Vollweib-Diät« in glutvoll-dunklen Farben, daneben im hellen, frischen Umschlag »Abnehmen und toll aussehen« (mit Erfolgsgarantie dank »Grazing«), daneben »Wellfit – Essen im Einklang mit Körper und Seele«, daneben Dr. Strunz' Mega-Seller »forever young«, zweifellos *die* Fitness- und Jogging-Bibel des ausgehenden 20.

Jahrhunderts, als sechster Titel lag in der Reihe, sachlicher aufgemacht, wie ein Schulbuch, »Die Anti-Fett-Formel: Das individuelle 40-30-30 Schlankheitskonzept«, das siebte Werk hieß »Die erste Power-Diät für Männer«, das achte »Body for life – in 12 Wochen zur Top-Form«, das neunte verhieß »Wege der Reinigung« (Untertitel: »Entgiften, Entschlacken, Loslassen«), und die letzten drei Bücher wurden verkauft unter den Überschriften: »4 Blutgruppen – Strategien für ein gesundes Leben«, »Hay'sche Trennkost – leicht gemacht« und, rechts außen, der schöne Titel: »Die Augenfarben-Diät – das neue Konzept für typgerechte Ernährung«.

Hätten nachgeborene Generationen nur diese Bücher als Quelle für ihr Geschichtsstudium über das frühe 21. Jahrhundert, sie wüssten, für den Anfang, schon eine ganze Menge. Sie könnten sich ausrechnen, dass die Menschen in jener Vergangenheit beharrlich nach Wegen suchten, sich essend irgendwie wohl zu fühlen. Sie könnten lernen, dass ihre Vorfahren zu schwer waren, zu dick, dass sie Fettstoffe zu meiden versuchten, dass sie offenkundig meinten, immerfort »falsch« zu essen, sich aber stets auf der Suche nach dem nachweislich »Richtigen« befanden. Die künftigen Menschen, sie könnten allein aus jenen zwölf Buchtiteln lernen, dass ihre Ahnen keine besonders fröhlichen Esser waren. Dass sie offenbar gravierende Probleme hatten mit ihrer Ernährung. Und dass sie von Erlösung träumten, vom richtigen Leben im Satten, dass sie sich von bestimmten Diäten und Speiseplänen nichts weniger versprachen als Kraft, Schönheit, »Energy«, ja, dass sie selbst die ewige Jugend für planbar und erreichbar hielten.

Wüssten die Menschen der Zukunft noch ein wenig mehr über die Diäten und die Deutschen des frühen 21. Jahrhunderts, sie könnten glauben, die Suche nach dem richtigen Essen hätte ihre Vorfahren beschäftigt wie kaum ein anderes Problem. In der Sektion »Gesunde Ernährung« beim Großbuchhändler Dussmann steht an jenem gewöhnlichen Werktag noch viel mehr Lesestoff, der diesen Schluss nahelegt. Es findet sich »Die CM3-Diät« neben der Formel »MCT, das Fett, das nicht dick macht«. Die »Vitamin-Bibel« reibt sich an der »Power-Trennkost« und der »Trennkost für Einsteiger«, sie steht inmitten solcher Werke wie »Die Stimme des Körpers«, »Fettarm leben«, »Vital und gesund«. Auf den Buchrücken stehen paradoxe Bekenntnisse wie »Ich esse, um abzunehmen«, unweit davon findet sich die Käuferin exklusiv angesprochen im Titel: »O. K., du bist Vegetarierin, und jetzt?« – worauf ein anderes Buch zwei, drei Bretter weiter sein dunkles Echo zu versenden scheint: »Essen ohne Angst«. Aber die Angst isst mit in diesen Zeiten. Und wie: Sie dokumentiert sich im endgültig frustrierenden Titel, auch im Handel zu haben: »Wie gesundes Essen krank macht«.

Was geht vor mit uns Essern am Beginn des 21. Jahrhunderts? Warum wird uns jede Gabel zum Problem? Jeder lustvoll genossene Teller zum Anlass für Debatten? Jede Körperwaage ein Vorwurf, eine Bedrohung, Mahnung, eine Aufforderung zur Umkehr? Es dreht sich in diesen Jahren eine wesentliche Sorge des Menschen um den Verlust oder das Wiedererlangen seiner Schlankheit, Rankheit, Straffheit, wir fürchten um unser Körpergewicht, unseren »Body-

Mass-Index«, unseren rein physiologischen Fettgehalt, und wir betrachten uns bei dieser Selbstprüfung offenkundig wie materielle, seelenlose Apparate. Alle Energie gilt dem Ziel, sich selbst zu einer akzeptablen Figur zu modellieren, akzeptabel im Sinne des großen Katalogs der Vorbilder, Moden, Trends, der tagtäglich multimedial aufgeblättert wird. Model, so heißen die schönen Dünnen der Laufstege und der Kosmetikfotografie, die Athleten des Sports, die Idealmenschen des Kinos, Modell, das bedeutet Vorbild, Beispiel, Exempel.

Die Modelle waren, seit in den sechziger Jahren des vergangenen Jahrhunderts in England die dünne Twiggy auftauchte, untererernährt, schmal, blass und nicht selten von geheimnisvollem Unglück umflort. Im 21. Jahrhundert sehen sie so zumeist immer noch aus, jedoch schlägt zugleich die Stunde der modellhaft gesunden, leistungsfähigen, sportlichen Figuren. »Fit for fun« ist mehr als nur der Titel einer erfolgreichen Zeitschrift dieser Jahre. Es ist das Signum eines Zeitgeists, der die Menschen vom eigenen Leib als »body« zu reden gelehrt hat, an dem zu arbeiten sich für eine gute »Performance« lohnt. Auf die Frage: Wie finden Sie Ihr Gewicht?, antworteten im Juni 2001 bei einer repräsentativen Umfrage in Deutschland 49,9 Prozent aller Frauen: Ich bin zu dick, zu schwer, zu unförmig. Ich würde gern abnehmen.

Man »arbeitet an sich«. Das aber meint nicht mehr einen innerlichen Prozess, ein Sich-Versenken, wie es 30 Jahre zuvor propagiert und praktiziert worden sein mag, als man im Ernst noch, nach dem 68er Umschwung und während der gefühligen siebziger Jahre »innere Werte« fortzuentwickeln trachtete und am eigenen Ethik-Apparat feilte. »An sich arbeiten«, das meinte damals, ein besserer Mensch werden zu sollen und zu wollen, egal in welchem Körper, inmitten einer Lebenswelt jedenfalls, die die schönste Floskel trostreicher Chancengleichheit auch für die Alten, Dicken, Unsportlichen, Nicht-Schönen bereitstellte in der Losung: Dein Äußeres ist doch egal, was zählt, sind deine »inneren Werte«.

Nun hat sich die nach innen gewandte Arbeit »an sich selbst« längst umgedreht und buchstäblich ins »Work-out« verkehrt, in Muskelspiele mit Hanteln, an Steppern, in chromstählernen Maschinen. Was drinnen ist im Menschen, soll nicht länger verfeinert werden, sublimiert, verwandelt, es soll jetzt vielmehr einfach heraus, rückstandslos zur Strecke gebracht werden, um im zwischenmenschlichen Alltag nicht mehr weiter zu stören. Durch die körperliche Arbeit im einsamen Spiel des Fitness-Trainings will der Stau von Gefühlen gelöst sein, die Frustrationen der modernen Erwerbsgesellschaft sollen mechanisch abgearbeitet werden, der Stress des Alltags, die Zukunftssorgen, die verratenen Träume – sie werden ausgewaschen mit dem Schweiß, verbrannt im gesteigerten Stoffwechsel, abgebaut mit der Fettschicht, gelöst im hochtourigen »Grundumsatz« an Körpersäften und sonstigen biochemischen Prozessen.

Die kleine Fabrik Mensch fährt Volllast, am besten zwei Mal täglich, um sich fortlaufend zu optimieren. In der Hitze des Sports, im Fließbandbetrieb der Wellness-Studios und Health Clubs arbeitet man mühevoll »an sich«, das heißt am schieren Fleisch, am Körpergewicht, an der rein physischen Materialität. Das Innere, Innerliche wird als Störfaktor begriffen. Man freut sich, beim Sport endlich »abzuschalten«, sich »auszupowern«, durch sportliche Anstrengung »leer« zu werden, »gereinigt«, »entschlackt«. Das antike Ideal vom »gesunden Geist in einem gesunden Körper«, immer sprichwörtlich geblieben durch die Jahrhunderte und selbst im Verlauf von »Fress-Wellen« nie aus den Köpfen verschwunden, feiert große Renaissance und hat sich dabei deutlich zum Körper hin verschoben. Gesunder Körper, wenig Geist.

Man besehe sich nur das phänomenale »Erfolgsprogramm« des Dr. med. Ulrich Strunz. Bereits auf dem Deckel des zugehörigen Bestsellers »forever young« steht die Kurzversion des Inhalts in drei Ausrufesätzen: »Laufen Sie sich jung! Essen Sie sich jung! Denken Sie sich jung!« Im Innern folgt, auf 192 frischbunt gestalten Seiten, darüber hinaus eigentlich nicht mehr viel mehr, es geht immer wieder um die kühne Verheißung, »wie Sie Ihre biologische Uhr zurückdrehen können«. Aber ist es Hexerei? Dunkle Zauberkunst? Scharlatanerie?

Nichts davon: Der Doktor Strunz glaubt eigentlich nur an die heilende Wirkung des lockeren Dauerlaufs bei gleichzeitig ausgewogener, fettarmer Ernährung, was im Jahr 2000 eigentlich längst ein alter Hut war. Nur gelang es Strunz im Verbund mit euphorischen Lektoren seinen Text in einem geradezu delirierenden Neusprech abzufassen, das derartig optimistisch dröhnte, dass der Leser schon bei der Lektüre agil mit den Füßen zu wippen begann: »Produzieren Sie

Ihre Jung-Hormone doch einfach selbst!«, »Nur wer lächelt, verbrennt Fett«, »So essen Sie sich zum Sieger«, »Natürliche Hallo-Wach-Tipps«, »Machen Sie Ihr Viagra doch selbst«, »Nutzen Sie die Kraft des Windes«, »Öffnen Sie Ihr körpereigenes Kokain-Kästchen«. Zu derlei Heilsversprechen fanden sich Tabellen über die diversen »Frohwerte im Blut«, Wissenswertes über das »Chefhormon Serotonin« und allerlei Erkenntnisse der »Frohmedizin« gegen die herkömmliche »Drohmedizin«. Originalton Strunz: »Beim Morgenlauf vor Arbeitsantritt können Sie in wenigen Minuten die Probleme vom Vortag lösen, den neuen Tag durchplanen und durchdenken.« In Sachen Essen empfahl Strunz, was damals schon Kinder vorsingen konnten: Vitamine, Rohkost, nicht zuviel Fett, der Leser hatte sich Fragen zu stellen wie: »Haben Sie genug Chrom?«, »Wieviel Selen brauchen Sie?«, und er erfuhr, dass das Kochen an sich von Übel ist, weil es die Zutaten denaturiert und die Verdauung belastet. »Warum sind wir heute müde? Die Antwort ist einfach: Weil wir vor 8000 Jahren den Kochtopf erfunden haben.«

Das Geheimnis von Dr. Strunz ist leicht auszumachen: Sein Ton traf das Zeitgefühl der Jahrtausendwende ins Schwarze, es war ein Ton, der das Publikum infantilisierte, pseudojugendlich ansprach und, der Ausdruck sei hier verziehen, sozusagen bei den Eiern packte. Denn die Menschen, die »forever young« eine Auflage nach der anderen bescherten, bastelten bereits vor Strunz' Auftritt fortgesetzt, und in der Mitte des Lebens nicht selten hysterisch, an ihrer persönlichen ästhetischen Qualität, ihrer sexuellen Attraktivität, ihrer körperlichen Präsenz, an Qualitäten mithin, die in der Skala der prestigeträchtigen Sozialkriterien längst erstrangig geworden waren. Es handelt sich dabei um komplizierte, soziologisch schwer fassbare, psychologisch bedeutsame Prozesse, die auch von den einschlägigen Wissenschaften noch kaum beschrieben, deren Phänomene allerdings omnipräsent und leicht zu beobachten sind. Dr. Strunz war nur einer ihrer schrillen, sichtbarsten Vertreter. Ihr zählebigster und banalster Ausfluss aber ist der paradiesische Irrgarten der Diäten.

Sie sind gesellschaftliches Dauerthema, seit der schiere Hunger Deutschland bald nach dem Krieg auf immer verlassen hatte und an seiner statt, im Lauf der Jahrzehnte, die Fettleibigkeit Einzug hielt. Denn der Tanz um den schönen, modellierten Körper, er wird in Deutschland in einem Land aufgeführt, dessen Bevölkerung zur Hälfte mehr oder minder übergewichtig ist, mit stark steigender Tendenz bei den Kindern. Jedes fünfte Kind in Deutschland wiegt zu viel. Experten rechnen vor, dass ein 1,50 Meter großer Junge in den achtziger Jahren im Durchschnitt 53 Kilogramm wog, ein Jahrzehnt später ist diese Messgröße auf 60 Kilogramm gestiegen. 20 Prozent aller Deutschen leiden an Adipositas, das heißt nichts anderes als: Sie sind extrem fett. Statistiken weisen aus, dass die nationalen Kosten »ernährungsbedingter Krankheiten« umgerechnet 72 Milliarden Euro im Jahr 2000 betrugen. Kein Wunder mithin, dass keine Illustrierte ohne stetig wiederkehrende, dabei vorgeblich immer brandneue »Schlankheitstipps« auskäme, keine Boulevardzeitung, die nicht im Frühjahr in ausgiebigen Serien zum kollektiven Abspecken bliese. Doch Schlanksein, Abnehmen,

»Body Shaping« sind nicht nur massenmediale Abräumer. Auch Krankenkassen, Ministerien, Glaubensgemeinschaften, Vereine und Sekten fühlen sich berufen, den Markt mit Büchern, Konzepten, Rezepten und Infobroschüren zu bestücken – und alle versprechen, auf ihre Weise, die Ankunft in einem gelobten Land, wo Milch und Honig nicht mehr dick machen, wo »Genuss ohne Reue« möglich ist, wo »Abnehmen Spaß macht« und alle idealgewichtig durchs Leben gehen, sorgenschwer nur durch die Qual der Wahl des richtigen Wegs.

Es gibt Diäten, die setzen auf fettreiche Kost, auf Sahne, auf Öle, auf Eier und Butter, auf dem Speisezettel stehen fetter Käse und Speck, Brot ist verboten, auch Nudeln und Reis, man schluckt Vitamintabletten als Ergänzung, um nicht am Mangel krank zu werden. Es gibt Diäten, die schreiben umgekehrt nur Reis vor oder nur Kartoffeln oder nur Brot, Fett ist meist verboten, nicht zu reden von Schweinespeck, und auch Eier sind hier tunlichst zu meiden. Es gibt Diäten, die wiederum fast nur aus Eiern bestehen, oder andere nur aus Salat, man findet sich angehalten, nur Körner zu essen oder nur Obst, es wird empfohlen, alles aus Roggen zu meiden oder alles aus Weizen oder alles Gekochte oder alles Rohe. Es ist sehr verwirrend.

Manche »Päpste« raten, vornehmlich Eiklar zu trinken, manche empfehlen eine Diät vor allem aus Grapefruits, Stachelbeeren und Wassermelonen, manche warnen vor Bananen, manche vor Äpfeln, andere finden Birnen bedenklich. Man kann auch alle natürlichen Nahrungsmittel, nur konsequent, weitgehend abschaffen und sich vor allem von industriell vorgefertigten Drinks, Riegeln oder Breien ernähren, die gleichwohl »ausgewogene Ernährung« versprechen und die Slim Fast heißen oder Multaben oder Modifast oder Granoslim oder Bionorm oder Almased. Sie alle verheißen Schlankheit ohne Verzicht, Sättigung bei gleichzeitigem Gewichtsverlust, Gesundheit und Genuss aus Tüte und Tube, Glück als selbstverständliche Folge einer von Lebensmittelchemikern entwickelten »Formula«-Diät.

Sehr schwer, sich der richtigen Schule anzuschließen, so widersprüchlich sind ihre Dogmen. Wie in religiösen Dingen gilt es, den Verstand abzuschalten und sich aufs Glauben zu verlegen. Wo so wenig gewusst werden kann, muss man glauben: An die Gayelord-Hauser-Diät »Bleibe jung, lebe länger«, die auf eiweißreiche Kost setzt, an die Pritikin-Diät, »Programm für Gesundheit und Fitness«, die es mit Kohlehydraten hält. Es gibt die Mond-Diät nach Christine Zacker, die Essenszeiten und -auswahl nach dem Mondkalender bestimmt, es gibt die Hollywood-Diät, die empfiehlt, sich an Hummer, Shrimps und Ananas schadlos zu halten. Man kann eine »5-Tage-Diät mit Naturreis«, eine »7-Tage-Körner-Kur« oder eine »10-Tage-Fitness-Kur« machen, man kann »Abnehmen – aber mit Vernunft«, man kann so dahinleben, aber wenigstens Saft-Tage einstreuen oder Getreidetage nach Dr. Ritter, man kann der Verbraucherzentrale Nordrhein-Westfalen glauben und mit ihr sein »Gewicht im Griff« behalten. Man kann sich an Howard Hays Trennkostregeln halten, eine Evers-Diät machen oder eine nach Dr. Haas, man kann eine Dr. Rademacher-Kur beginnen oder ein »Herbalife Zellernährungsprogramm«

starten, im Angebot wären die Markert-Diät, die Lutz-, die F-Plan-, die Brigitte-Diät, die Mayr-Kur. Wer will, kann Nutri-Points zählen oder Fettpunkte mit den Weight Watchers, eine Scarsdale-Diät könnte gut tun, eine Schroth-, eine Waerland- oder eine Vier-Jahreszeiten-Kur, man kann sich althergebracht selbst zurufen: FdH – Friss die Hälfte, oder man stellt die Dinge ganz auf den Kopf und glaubt mit Anne Calatin daran, dass man von bestimmten Nahrungsmitteln einfach deshalb dick wird, weil man gegen sie allergisch ist, und die es also folglich nur ausfindig zu machen gilt, um sie der Schlankheit zuliebe zu eliminieren.

Wer dieses Feld durchmessen will, muss weite Wege gehen, denn abseits der eingeführten, weithin bekannten, mehr oder minder seriösen Kuren kursieren längst immer wildere Diät-Ratschläge. In den Tiefen des auch diesbezüglich anarchischen Internets finden sich Hunderte Foren, in denen computerkundige Allesfresser über Fettsucht, Appetitzügler, über Erfahrungen mit Kombi-Kuren oder Wunderheilern oder Schnellprogrammen (»10 Pfund weg in vier Tagen«) debattieren. Das meiste davon erscheint ungefähr so seriös wie der gute alte »Sauna-Anzug«, der noch in den achtziger Jahren in verschämten Kleinanzeigen gleich neben Wunder-Haarwuchsmitteln und Potenzverstärkern in Fernseh- und Auto-Zeitschriften annonciert war, ein vollisolierendes Gummigewand, das man sich beim Zubettgehen anlegen sollte, um schwitzend – und endlich völlig ohne Aufwand, weil »im Schlaf« – dünn zu werden.

Heute versprechen Fitness-Geräte unterschiedlichster Bauart auf den Dauerwerbekanälen des privaten Fernsehens ähnliche Wunderdinge, immer vorgeführt von den role-models aktueller ästhetischer Codes oder gleich von Action-Helden aus Hollywood, die die Ware schweißgebadet anpreisen und dabei die »Waschbrettbäuche« zum Beweis des garantierten Erfolgs in die Kamera halten. Aber garantierter Erfolg? Die Welt der Gewichtskontrolle, des Abnehmens, des »Body-Shapings«, der Diäten ist sehr wunderlich.

Sie blüht trotz aller Enttäuschungen, trotz aller leeren Versprechen, trotz aller offenkundigen Sinnlosigkeit, ihre Bewohner ignorieren die skandalöse Kakophonie der Diät-Ratgeber, die Geschäftemacherei der Scharlatane und der Pharmaindustrie, so dass wirklich zu fragen ist: Warum werden immer neue Diäten erfunden, und warum gelingt wieder und wieder ihre gewinnbringende Vermarktung? Was lässt Konsumenten hoffen, dieses Mal endlich die richtige Kur angeboten zu bekommen? Wer glaubt daran, dass Jahreszeiten, Blutgruppen, Augenfarben, Allergien am eigenen Übergewicht schuld sind? Unvergessen das harsche Urteil des Koch-Kolumnisten Wolfram Siebeck, der vor langer Zeit schon gallig kommentierte: Wer die Deutschen an Autobahnraststätten essen sehe, wisse, »was er von den weinerlichen Geschichtchen über Drüsenkrankheiten zu halten hat«. Was also geht vor? Will man nicht kollektiven Wahnsinn unterstellen, gibt es zunächst nur eine plausible Erklärung für das ganze Treiben: Diäten sind ein Teil der Unterhaltungsindustrie geworden.

Kaum ein Bürger, der nicht schon vom »Jojo-Effekt« gehört hätte, kaum einer, der nicht mit Kalorien und Kilojoule hantieren könnte. Die Hälfte aller Frauen in Deutschland hat mindestens eine Diät hinter sich, ein Drittel aller deutschen Frauen hat schon fünf oder sechs angestrengt, meistens ohne, in der Regel nur mit kurzlebigem Erfolg. Gleichwohl werden immer neue, immer bessere Diäten publik gemacht, um freilich ebenso regelmäßig verworfen zu werden von ebenso groß aufgemachten Berichten über »Die dicke Diät-Lüge«. Dann dürfen Wissenschaftler von Zeit zu Zeit in Interviews sagen: »Diäten machen dick«, oder es räsonieren Kommentatoren über den grassierenden »Körperkult«, über den Fitness-, Wellness- oder »Diäten-Wahn«. Es ist ein Gesellschaftsspiel wie das Getratsche über Prominentenallüren, das Geraune über Ärger in den Königshäusern, wie der Klatsch über die Hochzeiten der Sportler und ihre Scheidungen. Das »Abspecken« ist ein Volksvergnügen, das die Zeit totzuschlagen hilft, es wurde zeitweise angeführt von Bundeskanzlern wie Helmut Kohl, der einmal jährlich am Wolfgangsee in der Strickjoppe »entschlackte«, ohne freilich je wirklich dünner zu werden. Aber das ist, leicht zu merken, nur die harmlose Variante einer plausiblen Interpretation, die heitere Seite.

Düsterer, wenn man annehmen will, dass sich das Karussell der Diäten um kollektive Neurosen dreht und dass sie auf ernstere, grundlegendere Gesellschaftsprobleme verweisen. Wenn ein großer Teil unserer Zeitgenossen ständig unzufrieden ist mit dem eigenen materiellen Selbst, dem eigenen Erscheinungsbild, dem Körpergewicht, so hat das Folgen für das Ganze. Gestörtes Essverhalten bis hin zu Bulimie und sonstigen Fress-und-Brech-Süchten sind doch nur die extremste Erscheinungsform eines einfachen, für jedermann sichtbaren Umstands: Offenkundig wird sich selber fremd, wer sich seinem Essen entfremdet. Und offenkundig sind die wohlhabenden Gesellschaften der Welt seit vielen Jahren dabei, Deutschland in dieser Rangliste weit vorne, das Essen zu verlernen. Viele Menschen essen sich dick, dumpf, krank, werden derart zu verheerenden Vorbildern für ihre eigenen Kinder – und sie haben nicht einmal Spaß dabei.

Sie haben vergessen, wie sie sich »natürlich« oder sonstwie vernünftig ernähren sollen, wie man sich einigermaßen ausgewogen, gut, lustvoll verköstigt. Sie haben es buchstäblich vergessen, weil sie in frühester Kindheit sehr wahrscheinlich um diese Dinge einmal wussten. Ein unter Essforschern berühmtes Verhaltensexperiment hat diese Erkenntnis zutage gefördert. Die amerikanische Ärztin Clara Davis versetzte dabei drei Babys, eines erst neun Monate alt, in die Lage, sich ihr Essen selbst auszusuchen. Den Kindern wurde eine große Auswahl unterschiedlichsten Essens angeboten, Gemüse, Obst, Fleisch, auch Lamm, Fisch, Eier, Milch, aus dem sie sich ohne weitere Anleitung durch Erwachsene zu bedienen lernten – und sie taten das mit offenkundig angeborener Perfektion: Sie ernährten sich exakt nach ihren Bedürfnissen, griffen genau nach dem Essen, das ihr Körper brauchte, taten alles nötige für Knochenbildung und Muskelaufbau, sie wuchsen gut und nahmen in gesundem Maß zu – sie aßen offenkundig, was richtig für sie war, aus welcher Quelle sich dieses fantastisch anmutende Wissen auch immer speisen mag.

Schauen wir in die Erwachsenenwelt: Fortgesetzt und in steigendem Maße konsumiert die Mehrheit der Deutschen das Falsche, zumeist in viel zu großer Menge, so gut wie immer in mangelhafter Zusammensetzung, oft in katastrophaler Qualität – und von Zeit zu Zeit bekämpfen sie die daraus folgenden Krankheitssymptome mit falscher Arznei, Diäten genannt oder Saft-Tage oder Obst-Pause oder Fasten, wobei auch diese bizarren Aktivitäten nur wirken, als solle neuerlich Schwung geholt werden für die nächste Etappe auf grundsätzlich falschem Kurs.

Die übergewichtigen, kreislaufkranken, elenden Esser, die auf kurze, schnell wirkende Diäten hoffen, gleichen schwer Sonnenverbrannten, die jeden Tag wieder, und besonders gern mittags, an den Strand stürzen, aber einmal pro Monat Heilsalbe schmieren gegen die Verbrennungen. Die Urfigur solcher fortwährenden Selbsttäuschungen sitzt jeden Nachmittag beim Kränzchen im Café an der Ecke, gönnt sich zwei Stück Schwarzwälder Kirschtorte, süßt aber den Kaffee »ganz bewusst« nur mit Sacharin. Wir haben die Richtung verloren. Jedem Hungergefühl entwöhnt, steigen wir nurmehr den Gelüsten unseres Appetits hinterher und werden am Überfluss irre. Die Qual der Wahl wächst sich aus zur Beschränkung auf das Falsche, und zur Bekämpfung des Falschen erfinden wir neuerlich Falsches.

Eben wird im Zirkus der vermeintlich gesunden Ernährung eine ganz neue Nummer vorgestellt, die nicht mehr altbacken »Essen ohne Reue« verspricht, sondern die die Jugend selbst, die Gesundheit, die Schönheit essbar zu machen verspricht. »Functional Food« greift Raum in den Supermarkt-Regalen. Joghurts heißen nicht mehr »Kirsch« oder »Erdbeer«, sondern »ProCult« und »yobaby«, es gibt jetzt »Milchmischerzeugnisse« mit Namen »Probiotic plus Oligofructose« von Bauer, »Pro 3+« von Natreen, »LC-1« von Nestlé, und Ehrmann hinkt mit »DailyFit« dem Trend zu wolkig naturwissenschaftlichen Namen noch ein wenig hinterher.

Die Botschaft der Produkte soll in jedem Fall lauten: Wir wollen nicht länger einfach schmecken und nähren, wir wollen direkt deiner Gesundheit dienen und deine Mangelerscheinungen beseitigen – wir wollen dich heilen. »Functional Food« ist mithin ein Zwitter zwischen Lebensmittel und Medikament, der die Vorteile guten Essens mit den Vorteilen guter Arznei zu verschmelzen suggeriert. So ist es zu erklären, dass Tiefkühlgemüse von Iglo neuerdings auf den Namen »Vivactiv« hört, versehen mit dem Zusatz: »stärkt die körpereigenen Abwehrkräfte«, und deshalb auch brüllen Slogans von Plakaten, die die Margarine »Lätta hoch zwei« als »Tuning für den Körper« anpreisen, während die Hersteller von »becel pro activ« einen sinkenden Cholesterinspiegel und die Senkung des Herzinfarktrisikos um bis zu 25 Prozent versprechen, wenn man nur ausreichend Margarinebrote isst.

»Functional food« ist »designer food«, es geht um frisierte Nahrung, künstlich angereichert mit Vitaminen, Mineralien, Fettsäuren, Antioxidantien, es geht um Lebensmittel, die mit Probiotika versetzt werden, das sind lebende Mikroorganismen, wie sie natürlich im menschlichen Stuhl vorkommen und die in industriell raffinierter Darreichungsform angeblich segensreich auf die Gesundheit des Essers wirken. Das Versprechen lautet, imgrunde analog zu den einst behaupteten Qualitäten des Sauna-Anzugs, dass richtige Ernährung mühelos zu erreichen ist; dass es genügt, die richtige Margarine, den richtigen Joghurt zu essen, um ein idealgewichtiges, gelingendes Leben zu führen. Es geht um Erfolge ohne Anstrengung, um Gewinne ohne Investition, es geht um ein neues Leben, ohne dem alten nur ein Haar zu krümmen.

Es geht, vor allem, um einen Wachstumsmarkt. 1996 in Deutschland eingeführt, sind von den getunten Milchprodukten heute bereits über 20 Prozent dem neuen Segment zuzurechnen. Im Jahr 2000 wurde in Deutschland »Functional Food« für gut 1,5 Milliarden Mark verkauft, in Europa wächst der Umsatz mit frisierten Milchprodukten jedes Jahr um mehr als 15 Prozent. Prognosen reden von einem »Megatrend« und sagen Marktanteile bis zu 50 Prozent voraus, in allen Produktgruppen. Das sind sehr optimistische Schätzungen, aber die Tür ist aufgetan: Schon jetzt kann, wer will, mit Omega-3-Fettsäuren versetzte Eier essen, in Bonbons finden sich kreislauffördernde Rotwein-Extrakte, Säfte sind angereichert mit Carotin und Folsäure, Gemüsepfannen gewürzt mit Fruchtfasern, und, wer weiß, bald könnten auch im Vanilleeis Ballaststoffe stecken, im Käse Artischockenspuren und Fischöl in der Wurst.

Und weltweit arbeiten die zuständigen Labors längst an noch kühneren Projekten. Warum nicht, kindgerecht, das Grippemedikament in die Leberwurst einbauen? Wieso nicht Mineralwasser mit Durchfallschutz entwickeln? Wie wär's mit Keksen, die gegen Osteoporose helfen? Und mit Marmelade, die dank zugesetzter Hefen die Haut viel schöner macht? Es braucht nicht viel Prophetengabe vorherzusehen, dass wir uns hier viele ungebetene Gäste einladen – das wirkliche Ausmaß der Veränderung ist jedenfalls kaum zu überschätzen. »Functional Food« wird den Markt der Lebensmittel verändern, und bald schon werden so viele industrielle Essprodukte irgendeinen Zusatznutzen oder sonstigen Mehrwert haben über sich hinaus, dass man die Produkte *mit* Zusatzstoffen nicht mehr suchen muss, sondern, in manchen Segmenten, bei Milch und Joghurt etwa, jene *ohne*.

Das Funktionsfutter stößt genau in eine Lücke des Lebensmittelmarkts. Es nimmt, zum einen, den Frust der Esser an Übergewicht, Unwohlsein, Überfluss ernst, und es bedient zum anderen die Hoffnung auf simple Problemlösung, auf »Wellness« aus Tüte und Becher. »Functional Food« verspricht Rettung und ist dabei auch noch genauso quadratisch, praktisch und gut wie herkömmliche Produkte. Ein bisschen teurer vielleicht; aber dafür steckt auch viel Forschung drin, was – interessanterweise – nicht verschwiegen wird.

Die neuen Produkte vertuschen ihre industrielle Entstehung nicht mehr schamhaft – à la »Maggi Wirtshaus« oder »Altböhmischer Zupfkuchen« –, sondern heben sie im Gegenteil als Kaufargument aggressiv hervor. Die beteiligten Konzerne konterkarieren den Mainstream, indem sie die weitverbreitete Sehnsucht nach Natürlichkeit und Tradition, nach regionaler Identität und gefühliger Bio-Welt frontal angehen. Sie zielen offenkundig auf eine Gruppe jüngerer, technikgläubiger, fortschrittsorientierter Käufer, wie sie in Umfragen dingfest gemacht wurde, die nicht nur nichts daran findet, dass ihr Essen aus dem Labor kommt: Diese (häufig männlichen, jungen) Konsumenten begrüßen vielmehr glücklich das neue Fertigfutter, weil es ihrem kulinarischen Analphabetismus entgegenkommt – und eben essbare Gesundheit, löffelweise Wohlbehagen und Jugend aus dem Tetra-Pack verspricht, ohne dass sich der Einzelne in die Komplexität eines selbstgemachten Speiseplans verirren müsste.

Die Functional-Food-Industrie strickt offenkundig an einer neuen Utopie, wie Essensforscher Uwe Spiekermann konstatiert. »Die Utopie lebt vom Versprechen, passgenaue Produkte für die jeweilige Lebensweise herzustellen, damit diese ohne große Änderung beibehalten werden kann.« Wirklich steuern wir auf eine Welt zu, in der viele, vor allem jüngere Menschen glauben, sie könnten sich von Tiefkühlpizza, Kartoffelchips und Schokoriegeln ernähren, solange sie ab und an mit einem probiotischen Turbo-Joghurt gegensteuern, einem ballaststoffreichen Müsli-Riegel oder einem Glas ACE-Saft. Das wird natürlich nicht funktionieren. Aber es wird behauptet werden in dieser schönen, neuen Produktwelt, deren Hersteller ein Konzept des Essens vertreten, wie es technischer, industrieller, unsinnlicher, imgrunde: menschenfeindlicher, weil kultur- und geschichtsloser nie war.

Es kommt einem vor, als würde in diesen Jahren der Speisezettel des genetisch manipulierten Menschen schon geschrieben. Wer selbst, am eigenen Leib, ein Produkt der Manipulation zu werden droht, der fürchtet auch manipulierte Lebensmittel nicht länger. Und wirklich zieht die

Gentechnik ja auf breiter Front in unsere Küchen ein. Eine Verbraucherbroschüre des Bonner Auswertungs- und Informationsdiensts für Ernährung zitiert Prognosen der Bundesvereinigung der Deutschen Ernährungsindustrie, nach denen es »in ein paar Jahren kaum noch ein Lebensmittel geben (wird), das nicht auf irgendeiner Stufe seines Entstehungsprozesses mit der Gentechnik in Berührung gekommen ist«. Es geht um Sojaöle und -eiweißstoffe zur Herstellung von Bratfetten, Salatdressings, Mayonnaisen, Schokoriegeln, es geht um haltbare, schädlingsresistente, womöglich: schmackhaftere Tomaten, um Maisprodukte, vitamingesättigten Reis, und doch sind dies bislang nur die spektakulärsten Neuigkeiten, von denen wir auch aus der Tagespresse erfahren. Tatsächlich aber findet darüberhinaus eine Revolution im viel Kleineren, Versteckteren, Unsichtbareren statt.

Genetisch manipuliert werden Mikroorganismen, die der Industrie helfen sollen, den Preis für ihre Kunststoffe und Surrogate noch weiter zu drücken. Es geht um Aminosäuren wie die Geschmacksverstärker L-Glutamat, L-Phenylalanin, es geht um Verdickungsmittel wie Xanthan, die eine Soße sämig machen. Sie wären, im Reagenzglas mithilfe genmanipulierter Kleinstorganismen hergestellt, für die Industrie so gut wie kostenlos. Vorbei die Jagd auf »natürliche« und »naturidentische« Aromen und andere Stoffe; die Genetik verhieße, so ihre Erfolge sich denn wirklich einstellen wie angekündigt, endgültig die Ankunft in einer schönen, neuen Welt, in der im biochemischen Baukasten jede beliebige Würzsoße produziert werden kann. Unser Essen ist dann endgültig nicht mehr rückführbar auf Grundprodukte oder pflanzliche wie tierische Lieferanten, es hätte sich von unseren Bildern und Vorstellungen von Essen und seiner Produktion komplett getrennt, weil es endlich ganz aus dem Virtuellen stammte. Nicht Störungen der körperlichen Gesundheit sind aus solchen Entwicklungen vorrangig zu befürchten. Es geht vielmehr um Gefahren für unsere Psyche. Denn es werden bislang als selbstverständlich erachtete Produktionsweisen, auch Traditionen zerschnitten, ohne eine Ahnung von den lebensweltlichen Konsequenzen daraus zu haben.

So ist es hier und da höchste Zeit, ein Apfelbäumchen zu pflanzen, allein schon, um die Erinnerung daran wachzuhalten, dass der Begriff Essen in einer fernen Vergangenheit einmal die handwerkliche Verwandlung natürlicher Zutaten in schöne Nahrung bedeutete. Dass Mineralien in Fischen waren und nicht künstlich der Milch zugesetzt werden mussten; dass Vitamine in Pfirsichen steckten und nicht wirklich in Bonbons; dass Soßen sämig wurden durch Butter, Sahne, Eigelb; dass Kartoffeln noch nicht aus einer Helix bestanden, die sich mit den Versalien AGCT durchbuchstabieren ließ – eine Zeit, in der alles hätte bekommen können, wer auf gutes, befriedigendes Essen geachtet hätte – ohne dick zu werden, krank, unglücklich.

Gastarbeiter, Glokalisierung und Käse-Igel

Exotik: Eine Skizze der deutschen Nachkriegsküche und ihrer heiteren Irrwege unter besonderer Berücksichtigung der Grünen Woche zu Berlin

Einmal im Jahr findet die Welt im Saale statt, sie inszeniert sich im Eierschalengrau von 26 Messehallen, auf einer Fläche von 20 Fußballfeldern, auf 160.000 Quadratmetern, 1600 Aussteller rumoren zehn Tage lang unter dem Berliner Funkturm, sie laden ein zu australischer Wasserbüffelpfanne, Mango-Bier aus Tansania, Ahorn-Kaffee aus Kanada, es gibt finnisches Elchragout, gefüllte Meergrasblätter aus Korea, kenianischen Papaya-Wein, Südtiroler Latschenkiefer-Schnaps, Rentier-Würste aus Norwegen, thailändische Kokosnüsse, Quarkstäbchen aus Estland, Gurkenfrüchte aus Kolumbien, in Halle 25 stehen prächtige deutsche Fleischrinder, Ziegen aus Franken, Schafe aus Holstein im ländlich dekorierten Messedunst, in Halle 9 ist ein Garten inszeniert, sprich: ein »Blütenfest«, die Halle 26, »Talking Food«, gehört neuerdings der Jugend, in Halle 20 feiert sich Deutschland und seine »Vielfalt der Regionen« mit Weißwürsten (Bayern), Ostsee-Lachs (Mecklenburg), Schinken (Westfalen), Apfelwein (Hessen), Labskaus (Hamburg), Soljanka (Sachsen), einmal im Jahr also wird die Berliner Messe zum weltgrößten Zirkus des Fressens und Gefressenwerdens, und dann ist immer: Internationale Grüne Woche.

Kein deutscher Landwirtschaftsminister, der den Eröffnungsrundgang an Wein-, Bier- und Whiskyständen entlang je nüchtern überstanden hätte, kein europäischer Agrarkommissar, der sich ein Fernbleiben ungestraft leisten könnte. Die Grüne Woche ist der beliebteste Rummel der Stadt, fast eine halbe Million Besucher zahlt Eintritt für dieses größte Balkonien der Welt, wo zwischen Argentinien und Schweden nur ein paar Schritte liegen und wo von Japan aus die USA mit bloßem Auge zu sehen sind. Grüne Woche, das ist ein harmloser Name für eine Messe, deren Geschichte 1926 bescheiden begann und die sich nun ausgewachsen hat zum größten Wundergarten deutsch-regionaler und internationaler Kulturklischees.

Allein 100.000 »Fachbesucher« reisen an, 3700 akkreditierte Journalisten berichten, es kommen Großhändler, Lebensmittelchemiker, Supermarktleiter, Ökotrophologen, Tierschützer, Bauern, Käser, Brauer, Winzer, Züchter, Gärtner, es ist, Jahr für Jahr, eine große Sternwanderung mit Ziel auf den Funkturm, über 70 Millionen Euro werden umgesetzt, die Messe ist ein Kosmos, ein Umschlagplatz nicht nur für Geschäfte, eine Börse auch für Informationen, ein Forum der Agrarpolitik und des Tourismus, und dabei zugleich eine Art kulinarisch-komödiantisches Völkerkundemuseum sowie ein Themenpark all dessen, was in Sachen Essen heute noch als deutsch gilt.

Es gibt, so scheint es, alles. Es gibt Solist, Apart, Salome, Cilena, Adretta, Afra, Marabel, Solara, Alwara, Rikea, Serafina, Berber, Princess, Satina, Exempla, und das sind nur die Kartoffelsorten, es gibt Goudakäse groß wie Wagenräder, Mortadella, meterlang und zentnerschwer, es gibt Tausend-Schoppen-Bembel, Brühwürfelpyramiden, Kürbisse groß wie Fernsehsessel, ganze Landschaften aus holländischem Gemüse mit Windmühlen mittendrin, gebaut aus Gurken, Paprika, Zucchini, Tomaten, mit Nägeln aus Champignons, es gibt Weinfässer, geräumig wie Kinderzimmer, Brote, lang wie Parkbänke, die Grüne Woche ist ein wilder Ritt zwischen guter, alter Heimat und schon eingeübter bis gänzlich unbekannter Fremde, die freilich bedrohlich nie werden kann, weil über den Köpfen immer ein versicherndes Schild in Leuchtbuchstaben Richtung »Notausgang« zeigt.

Hier brühen Chinesinnen in Seidenmänteln Tee, dort singt ein Nordsee-Fischer Shanties zum Akkordeon, hier schenken Schweden Bier aus unter gehörnten Wikinger-Helmen, dort tanzen Puszta-Mädchen stampfende Schritte, es schuhplatteln Bayern, es jodeln Rumänen, es singen Iren zur Harfe, Asiaten schnitzen Gemüse zu Figuren, Afrikaner flechten Kräuter zu Girlanden, und dort zermalmen Südamerikaner Berge von Getreide in bottichgroßen Mörsern. Wie auf einer Drehbühne schaut von Halle zu Halle immer eine neue Welt um die Ecke, eine neue Sensation des globalen Essens, und nicht wenige Besucher fertigen Familienfotos an mit tschechischen Bierbrauern, bretonischen Buttermachern, Schwarzwälder Melkknechten oder mit einem Rost voller Bratwürste vom Buschkänguru im verrauchten Hintergrund.

Die Grüne Woche ist eine moderne Wunderkammer der Exotik, die sie gefahrlos und ganz ohne Reisen konsumierbar macht, ein Abenteuerspielplatz mit S-Bahn-Anschluss. Für elf Euro Eintritt schenkt sie einen Tag im Illusionstheater der weiten Welt, das ist so amüsant wie es ein Verdienst ist, weil die IGW als ein »niedrigschwelliges« Angebot für jedermann angesehen werden muss, der Vielfalt des Essens, dem Essen überhaupt – und auch seinen tierischen Lieferanten – einmal wieder zu begegnen. Tatsächlich ist es ja wahr, dass viele Menschen, vorzüglich Städter nicht nur aus Berlin, auf der Messe ihre erste Kuh, ihr erstes Huhn gesehen und gackern gehört haben und dass sie zugleich eine Ahnung bekamen vom dunklen Zusammenhang zwischen Schwein und Schnitzel. Die Leistungsschau gibt jedenfalls tausend Hinweise auf die enorme Spannbreite der Begriffe Essen, Nahrung, Lebensmittel, sie versammelt tausend Beweise für deren hohen Rang in allen Kulturen, sie ist eine Volkshochschule der besonderen Art, und wirklich kann jeder Besucher dem Treiben seine Idee vom Reichtum abgewinnen, den Essen darstellen kann. Einerseits.

Andererseits ist natürlich alles Pappmaché und operettenhafte Schimäre. Die Grüne Woche erzählt von den artistischen Bemühungen der heimischen und der ausländischen Wirtschaft, sich neue Geschäftsfelder zu erschließen und dem »Verbraucher« neue Ideen für Bedürfnisse zu schenken, auf die er von alleine nie gekommen wäre. Die Lebensmittelbranche braucht dringend die »Produktinnovationen«, wie sie sich auf der Grünen Woche – oder auf ihrem industriellen Pendant, der Kölner »Anuga« – in Form von konsumierbarer Exotik ankündigen, den kleinen, gefahrlosen, am Ende in Tiefkühlboxen stapelbaren Kitzel des Ungewöhnlichen, Fremden, Ethnischen, weil er allein noch Wachstum und Gewinne auf dem hart umkämpften Markt des Massenkonsums verheißt.

Denn tatsächlich spiegelt sich die Grüne Woche auf kurz oder lang in den Supermarktregalen und auf deutschen Speiseplänen wider. Aus der wachsenden Ratlosigkeit der Konsumenten darüber, was sie vernünftigerweise essen sollten, aus ihrer dumpfen Langeweile am Zwang zur täglichen Sättigung speist sich die immer buntere Warenwelt der in Deutschland vertriebenen Lebensmittel. Heute noch wächst das italienische Sortiment ständig, französische und belgische Leberpasteten machen der deutschen Wurst zu schaffen, griechischer Feta verdrängt heimischen Frischkäse, Asien fasst Tritt im Tiefkühlregal, Mexiko dominiert den Fernseh-Snack, aber es sind immer nur Etappen, Moden, Konjunkturen, und niemand weiß, welcher Trend sich morgen breit machen wird. Die Globalisierung, so scheint es, ist keine Theorie, sondern Wirklichkeit. Aber das ist bei Licht betrachtet eine vollendete Täuschung, so wie die Exotik der Grünen Woche eine Schimäre ist.

Denn es ist schließlich die Lebensmittelwirtschaft, die den Kochlöffel führt. Und sie bestimmt folglich, wie exotisches Essen zu schmecken hat, sie buchstabiert uns vor, wie das Ausland würzt, wie es speist und tafelt. Und indem wir uns immer öfter, immer bewusstloser von der Industrie bekochen lassen, lernen wird doch immer nur ihre Versionen der Exotik kennen. Ihre Großköche, Testesser und Marketingstrategen bestimmen, wieviel Fremdheit uns zuzumuten ist und was überhaupt Fremdheit ist. Die tiefgefrorene Bihun-

Suppe, die eingetütete Pastasauce, die China-Pfanne, der mexikanische Dip, sie alle sind Versionen nur des Fremden, die in Wirklichkeit nicht in fernen Ländern, sondern in heimischen Laboren und Versuchsküchen entstehen. Das kann funktionieren, weil ein Großteil der Esser die esskulturelle Allgemeinbildung verloren hat, weil die meisten Menschen verlernt haben, sich selbst zu fragen, was eigentlich Essen sein könnte, was sie essen wollen, wie Ernährung aussehen könnte und was es an Essbarem zu entdecken gälte. Und deshalb überantworten immer mehr Menschen – notgedrungen – die Auswahl ihrer Speisen anonymen Marktakteuren, sie mögen Nestlé heißen oder Unilever oder Deutsche See mit ihren zahllosen nachgeordneten Marken.

Je weniger sich die einzelnen Esser um ihr Essen selbst kümmern, je weniger sie über Lebensmittel, Nahrung, Kochkunst wissen, desto leichteres Spiel hat diese Industrie, die mittlerweile der zweitgrößte Arbeitgeber in Deutschland ist und sich bei den Umsatzzahlen an dritter Stelle wiederfindet. So erfolgreich ist die Branche, dass sie sich mittlerweile in ihren Selbstdarstellungen aufschwingt, den Deutschen eine fürsorgliche Mutter vorzuspielen.

Wer sich die aufwändigen Werbebroschüren der Großkonzerne besieht, findet sich angesprochen in einem familiären Ton, die Werbetexter pflegen eine Sprache der Nähe, sie reden von Verantwortung, Vertrauen, sie versichern beste Zutaten, pflegliche Zubereitung, liebevolle Hingabe an ihre Produkte – und wirklich könnte man meinen, hier sprächen Eltern zu ihren Kindern. Zu Recht beruft sich die Industrie dabei auf die Floskel, der Verbraucher wünsche die Produkte, seine Nachfrage regele schließlich das Angebot. Das stimmt zwar, was einzelne Produkte und Marken angeht, aber es stimmt in einem erschütternd umfassenden Sinn überhaupt nicht mehr: Denn viele Verbraucher, viele Esser haben sich in Wahrheit der Welt vorgefertigter Esswaren vollständig ausgeliefert, und indem sie *diese* Wahl einmal getroffen haben, ist ihre sonstige Wahlfreiheit bei Licht betrachtet Lug und Trug. Auf den Tisch kommt, was es fertig zu kaufen gibt. Und was es nicht fertig zu kaufen gibt, kommt nicht länger auf den Tisch.

Unsere immer differenziertere Warenwelt des Essens erklärt sich aus dieser Beobachtung: Noch vor 20 Jahren, als die Tiefkühlindustrie ihren Anfängen entwuchs und ihre Erfolgsgeschichte zu schreiben begann, hatte der Markt auf eine Gesellschaft zu reagieren, in der noch gekocht wurde. Das frühe Angebot aus dem Eis bestand deshalb vor allem aus gefrosteter Rohware, aus Fischblöcken, Hühnern, Frischgemüse. Zubereitete, nur noch zu erhitzende Produkte waren rar. Im Lauf der Zeit aber veränderte sich dieses Bild. Das Gemüse wurde erst vorgegart angeboten, dann bald vorgewürzt, es wurde mit Soße verkauft, bald mit verschiedenen Soßen, mit »Blubb« oder ohne, als Single- oder Senioren-Teller oder nur als »Heiße Tasse« fürs Büro, es machte Karriere als ganze Produktlinie, einmal für die Pfanne, einmal für den Topf, einmal als Auflauf für den Ofen, einmal als Eintopf für die Mikrowelle. Und als auch dieses Feld ausgeschritten war, kam der Industrie als glückliche Idee die ausufernde geschmackliche Differenzierung und bald die Exotisierung. Das Gemüse wurde chinesisch, asiatisch, französisch, italienisch – und noch einmal differenzierte sich die Fertignahrung in allen Produktgruppen aus wie nie zuvor.

Die Abteilung Pizza in einem gut sortierten Supermarkt führt heute leicht 60, 70 unterschiedliche Sorten – von Hawaii bis Griechisch, wobei interessanterweise die Margaritha, die einfache Ur-Pizza, nicht im Angebot ist. Der Warenfächer muss so riesig sein, weil der Griff zur Pizza und überhaupt zu Fertignahrung nicht mehr, wie früher, die Ausnahme ist. Für viele ist sie zur Regel geworden. Erst im Supermarkt schreiben sie ihren Speisezettel, oft von Tag zu Tag, nicht selten unmittelbar vor der anstehenden Mahlzeit. Sie blättern nicht mehr durch Kochbücher oder Omas Rezeptkladde, sie unterziehen sich nicht mehr der Mühe, Gerichte auszuwählen, für sie die Zutaten zu besorgen und diese schließlich – in einem immer neuen Akt der Kreation – unter Anwendung vielfältiger Kochtechniken zuzubereiten, sie schlendern vielmehr an den Regalen entlang und lassen sich von der industriellen Vorauswahl »inspirieren«.

Jeder kennt die Szene, wenn sich in den Städten kurz vor Ladenschluss die ratlosen Esser vor den gläsernen Eisschränken der Supermärkte versammeln, um sich über ihr Abendessen zu befragen. So wird die Industrie wirklich, wo nicht zur Mutter, so doch zum Kantinenchef der Nation, der aus ureigenem Geschäftsinteresse das Gelübde ablegt hat, seine Gäste nie mehr langweilen zu wollen. Der Wahnsinn der »Innovationen«, wie sie wöchentlich auf den Markt geworfen werden, erzählt von diesem Bemühen. Und er findet seinen deutlichsten Ausdruck in der großen Ethno-Welle, in der Exotisierung, deren Trends auf Messen wie der Grünen Woche um Aufmerksamkeit buhlen.

Natürlich funktioniert das Exotische nicht aus sich selbst, sondern es traf in der Gesellschaft auf Voraussetzungen, die seinen Siegeszug ermöglichten. Es ist Gemeingut mittlerweile, dass die Geschichte des deutschen Essens nach dem Krieg eine Geschichte der Einwanderung und mithin: des Exotischen ist. Wir riefen nach Arbeitern, aber es kamen Menschen, heißt ein berühmtes Diktum, und man kann sagen, die Menschen brachten ihre Küchen gleich mit. Zwar dauerte es seine Zeit, bis die Italiener, Spanier, Portugiesen, Griechen, Jugoslawen, Chinesen als Wirte, Köche und Händler Fuß fassten (und sich zum Beispiel neben dem »Wienerwald« etablierten, der Ende der sechziger Jahre schon über 300 Filialen im Land hatte), aber sie schafften es, und sie machten, in Wellen und Stufen, die Deutschen mit ganz anderen Möglichkeiten der Ernährung und des Genusses bekannt, als sie es von der Fleisch-mit-Kartoffeln-und-Gemüse-Küche kannten. Die westdeutschen Essgewohnheiten sind jedenfalls nicht zu verstehen ohne die »Gastarbeiter«, die ihre lustigen, harten Nudeln mitbrachten, ihre Tomatensaucen, Olivenöle, Zitronen, den Knoblauch, den Essig am Salat, das ungesalzene Brot, bald das Chop Suey, das süß-saure Fleisch, die griechische Fleischbombe samt Tsatsiki, Kopanisti und Taramas. Und dass die Westdeutschen zu »Urlaubsweltmeistern« aufstiegen, tat ein Übriges, diese Entwicklung abzurunden.

Als wäre die Ratlosigkeit der deutschen Esser ein weit älteres Problem, suchten und suchen sie ihre kulinarischen

Reize von jeher nicht daheim, sondern anderswo. Jedenfalls lässt sich als ein entscheidendes Strukturmerkmal der neuzeitlichen deutschen Esskultur leicht herausarbeiten, dass sie aus sich selbst heraus nicht leben kann, sondern immer auf äußere Einflüsse angewiesen ist, auf das Neue, Fremde, Auswärtige.

Offenkundig bot der von dauernden Sprengungen erschütterte Steinbruch der deutschen Geschichte nie die Ruhe für einen erfolgreichen Prozess der Zivilisation, und die zusätzlich herrschende Kultur eines protestantisch-strengen Biedersinns tat ein Übriges, das Feine, Erlesene oder nur dauerhaft Gute nie zum Gedeihen zu bringen. So lässt sich sagen, dass es die Deutschen nie zu einer »Nationalküche« gebracht haben und, von den südlichen Landstrichen abgesehen, noch nicht einmal zu einer nennenswerten Regionalküche. Offenkundig braucht Esskultur Zeit zur Reife, sie braucht Frieden und nimmt Unterbrechungen übel. In Deutschland haben kriegerische Fürsten und Diktatoren die Lebenslinien auch der Esskultur wieder und wieder gekappt, vor allem, indem sie erst ihre Kleinstaaten und später das ganze Land regelmäßig in Not und Mangel stürzten, aus denen Verfeinerung und Veredelung nicht kommen können.

Ein Gang über die Grüne Woche in Berlin macht auch diesen Befund sehr anschaulich. Die Speisekarte deutscher Länder ist gut bestückt nur in Bayern, Baden-Württemberg und Rheinland-Pfalz, im ganzen Rest aber überschaubar und in der Regel aus einer Arme-Leute-Küche entwickelt, die mit minderwertigen Zutaten tapfer gegen den Mangel, wo nicht gegen den Hunger antrat. Typische deutsche Spitzenleistungen sind schwere Eintöpfe, kalorienreiche Suppen und ein paar Braten, die Kartoffel herrscht vor und der Kohl, die Lebensmittel werden wenig bearbeitet und in der Regel zu Fleisch plus Beilagen zusammengestellt. Aufwändige Zubereitungen finden sich kaum, und wirkliche Finessen sind so gut wie gar nicht anzutreffen, sodass sich sagen lässt: Die Deutschen hatten, als sich mit den ersten Einwanderungswellen die Globalisierung ankündigte, in Sachen Essen nicht sehr viel mehr zu verteidigen als »Labskaus«, »Biersuppe« und »Schnitzel Holstein«. Von dergleichen fiel der Abschied leicht.

Und also griffen die deutschen Esser dankbar zu – und fast blindwütig. Denn die Exporte aus aller Welt ergänzten die deutsche Küche nicht, wie das in anderen europäischen Ländern der Fall war, die ihre Nationalküchen selbstverständlich auch von den Einwanderern bereichern ließen. In Deutschland ergab sich eine stürmische Entwicklung, die das ursprünglich Eigene fast ganz preisgab und in deren Verlauf die herkömmliche Definition von Fremdheit auf den Kopf gestellt wurde. Denn in Deutschland ist aus dem einst Fernen das Nächste geworden, und das einst Eigene wurde uns mehr und mehr fremd. Die Pizza ist Haupt- und Leibspeise der Deutschen geworden, wir ernähren uns selbstverständlich von »al dente« gekochten Nudeln, Paella, von knoblauchschwangeren Dönern, von Gyros, Tortillas, Tacos, von Nasi Goreng und Fisch »Bordelaise« und was dergleichen mehr aus dem Eisschrank zu angeln ist.

Das ursprünglich Eigene ist unter die Räder geraten. Gewiss, an Sonn- und Feiertagen durfte (und darf) die

Großmutter noch eigenhändig Kartoffeln reiben und in stundenlangen Prozeduren regionale Braten zubereiten; aber ihr Tun war in der bundesdeutschen Gesellschafts- und Kulturgeschichte bald markiert als »Omas Küche«, als etwas bestenfalls liebenswert Altmodisches, eigentlich aber Unzeitgemäßes, Rückständiges und jedenfalls nicht als etwas Wertvolles, das es zu erhalten und fortzuentwickeln gälte. Es gibt deutsche Landstriche, in denen noch immer mit viel Aufwand Kalbsherzen gefüllt und geschmort werden, es gibt Regionen, in denen aus hierzulande normalerweise missachteten Tierteilen wie Lammbrust oder Schweineschulter sehr spezifische Spezialitäten in langwierigen Prozeduren hergestellt werden, es gibt kompliziert-kunstvolle Wickeleien aus Süßwasserfischen, hoch veredelte Wurstwaren, es gibt, anders gesagt, ein typisches, gleichwohl verfeinertes und gutes deutsches Essen durchaus – nur ist es, paradoxerweise, zum eigentlich Exotischen, Fremdartigen geworden. Die einheimischen Esser kennen es meist gar nicht mehr, und nicht selten reagieren sie bei der Vorstellung, etwas anderes als gebratene Putenbruststreifen auf wässrigem Salat essen zu sollen, befremdet, wo nicht gleich angeekelt. Unvorstellbar eine ähnliche Entwicklung in den meisten deutschen Nachbarländern, auch in Österreich und der Schweiz übrigens, wo das althergebrachte, traditionelle, regionale Kochen in den Familien das Rückgrat der Hochküche immer selbstverständlich gebildet hat. Nicht so zwischen Nordsee und Alpen, Rhein und Oder.

Hier verknüpfte sich, zumal nach dem Krieg und neuerlichen Hungerjahren, das Essen zuallererst mit Konzepten des Sattwerdens und später, folgerichtig, in den Zeiten des

Wir-sind-wieder-Wer, mit Sozialprestige, wo nicht Angeberei. Das Essen, sofern es nicht weiter auf niedrigstem Fleisch-plus-Dosengemüse-Niveau dümpelte, wurde bald zur halböffentlichen Bühne, auf der der soziale Erfolg der Gastgeber und deren Kultiviertheit zur Inszenierung anstanden. Mode- und »Partygerichte« spielten wichtige Rollen, überhaupt das Buffet; seit Mitte der sechziger Jahre wurde Johannes Mario Simmels »Es muss nicht immer Kaviar sein« als Rezeptbuch geplündert, und Simmels mit Butter, Senf und Schinken prall gefülltes »Mosaikbrot« fand sich auf Anrichten neben Käseigeln und »Fliegenpilzeiern« (sprich: salatgefüllten Tomaten mit Mayonnaise-Tupfern auf der Schale) adrett arrangiert.

Der »Schinken im Brotteig« und das Fleischfondue wurden in den siebziger Jahren zu gesellschaftlichen Hauptgängen der Epoche, in der gewissermaßen Schauessen ausgerichtet wurden. Aufgetischt wurde, was vor den Gästen »Musik machte«. Nach den Schinken kam das Kasseler im Blätterteig (eine Verfeinerung!), danach kalt-warme Büffets, viel Räucherlachs aus Norwegen, und bald schon begann die mediterrane Phase, die bis heute anhält und mittlerweile zwei, drei Generationen von Partybesuchern mit eingelegten Gemüsen, Carpaccio und Tiramisu bis zum Überdruss genährt und mit Prosecco abgefüllt hat. Die Anekdote von den deutschen Winzern, die ihren Grauburgunder nicht loswerden, weil die Leute lieber Pinot Grigio trinken, gibt Hinweise auf die Macht dieses Trends.

Dies alles sind Feststellungen und nur in zweiter Linie Klagen. Die Deutschen haben durch die beschriebenen

Entwicklungen unter dem Strich gewonnen, nicht verloren, und die vielen fremden Einflüsse bereiteten auch echter Verfeinerung den Boden. Und dennoch ist es so verblüffend wie für den Zustand der deutschen Esskultur bezeichnend, zu welch unumschränkter Dominanz die ausländischen Küchen es gebracht haben. Die heimische Küche mag schlecht gewesen sein, als Italiener, Spanier und Argentinier (mit Steakhäusern) kamen; nun aber gibt es sie kaum mehr. Sie ist aus dem öffentlichen Leben im Lauf von 30, 40 Jahren, wiederum mit der Ausnahme der süddeutschen Länder, so gut wie verschwunden.

Es ist heute leicht, in allen Städten passable »Italiener«, »Griechen«, »Chinesen«, »Thailänder« zu finden; schwer dagegen wird es sein, ein Restaurant aufzuspüren, das sich der deutschen Küche verschrieben hat und dennoch ordentliche Ergebnisse auftischt. Meist ist die Enttäuschung im »Gasthaus« total: Denn auch Wirte schätzen mittlerweile die billige Bequemlichkeit, »Convenience« genannt, und so kocht heute in vielen deutschen Wirtschaften, wenn nicht sogar schon in ihrer Mehrzahl, die Mikrowelle, beliefert von den Großproduzenten der Industrie, in deren Händen folglich zu allem Überfluss auch noch die Definition dessen liegt, was deutsche Küche von Jägerschnitzel (mit Pommes) bis Hirschgulasch (mit Kroketten) sein könnte.

Im Osten Deutschlands ist die Lage besonders prekär. Hier trifft die Entwicklung zur »Convenience« auf die fatale Voraussetzung einer lange Zeit abgeschotteten und eben nicht durch ausländische Einflüsse kultivierten Szene. Das Elend der ostdeutschen Kulinarik bis auf den heutigen Tag erklärt sich daraus: Rechts der Mauer blieben die Deutschen 40 weitere lange Jahre lang abgeschottet von der westlichen, verfeinerten Welt, dazu noch bedrückt von einer zentral gesteuerten Mangelwirtschaft in Verbindung mit einer gegen jeglichen Luxus gerichteten antibürgerlichen Ideologie, deren Fantasie folglich nur bis zur blanken Sättigung der Untertanen reichte, und so kam die Küche à la DDR über Jämmerlichkeiten wie Broiler, Haloren und Soljanka nie hinaus.

Nun, nach dem Mauerfall schlagartig mit den Möglichkeiten offener Märkte konfrontiert und von den Segnungen der logistisch perfekt organisierten Industrie heimgesucht, stehen die Esser und die Köche wie der Ochs vorm Berg. In den Jahren der Isolation jeglicher esskultureller Bildung beraubt, versuchen sie nun, wenigstens die westdeutsche Entwicklung im Zeitraffer nachzuvollziehen, und überspringen dabei eilig alle Stufen, die in Westdeutschland Schritt für Schritt gegangen werden mussten. So sind die Voraussetzungen im Osten in jeder Hinsicht schlecht. Noch nicht einmal das mäßig Exotische der italienischen, französischen, spanischen Küche wäre leicht zu erlernen, weil schlichtweg die Italiener, Franzosen und Spanier fehlen, die sie nach und nach einführen könnten. Und natürlich tritt wiederum die Industrie freudig in diese Lücke und bietet sich als Lehrmeister an. So steht zu befürchten, dass die Ostdeutschen auf weitere Jahrzehnte von der Welt des verfeinerten Essens ausgeschlossen bleiben und, in der Breite, vielleicht nie mehr Anschluss finden werden.

Nun ist Deutschland in Sachen Essen glücklich angelangt in den Zeiten des großen »anything goes«. Die Exotisierung zieht immer weitere Kreise, die Industrieköche gehen immer weitere Wege, uns zu beglücken, sie brachten uns in den neunziger Jahren des 20. Jahrhunderts mexikanische Wellen, thailändische Moden, australische Weine, südamerikanische Nüsse, sie brachten aus Japan Sushi und Sashimi, und aus Afrika und Neuseeland Früchte mit wilden Namen, und folgerichtig entwickelte sich bald die Schule des »Fusion Food«, die eine Melange aus allem und jedem, aus europäisch und asiatisch, aus südamerikanisch und afrikanisch für gelungenes Essen hält.

Diese und andere Spielereien produzierten und bebilderten nebenher das Missverständnis, Essen müsse vorrangig »Spaß« machen. Ein komplizierter Prozess ging dieser mittlerweile weit verbreiteten Haltung voraus. Sie entsprang zunächst dem Leiden der kulinarischen Analphabeten am Essen, seiner quälend regelmäßig wiederkehrenden Notwendigkeit und der damit einhergehenden Langeweile. Die ratlosen Esser suchten dieser Zumutung zu entkommen, indem sie, wie beschrieben, das Essen und seine Zubereitung auf immer kleinere »Zeitinseln« verbannten, indem sie den Tisch an den Rand rückten, die Küche auf Mikrowellengröße schrumpften, aber es half nichts, essen mussten sie doch. Und so drehten sie die Vorzeichen, unter Anleitung der hilfsbereiten Industrie im Laufe der Zeit einfach um, indem sie das herabgewürdigte Essen zur Freizeitaktivität adelten und ihm so wieder Wert gaben.

Diese Umdeutung hat Folgen. Unser Essen muss heute ganz andere Kriterien erfüllen als einst. Nicht mehr um Qualität, Befriedigung, Sättigung, Genuss geht es, sondern um Spaß, um Reiz, um »Fun« bei gleichzeitigem Erhalt der Fitness. Das Essen findet sich eingereiht in andere »Aktivitäten«, es muss amüsieren – und weil derlei Reize flüchtig sind, braucht es immer neue Ideen, ihm diese Qualitäten zu erhalten.

Es wurde in diesem Kapitel und im Abschnitt über die Supermärkte gezeigt, wohin diese Entwicklung führt, wenn aus der Sattheit und dem Überdruss der Esser der Irrglaube entsteht, Essen sei nicht Alltag, sondern Freizeit, nicht Notwendigkeit, sondern Zeitvertreib, nicht Ernst, sondern Spaß, nicht existentiell, sondern fakultativ. Dieses Missverständnis wird uns noch viel Ärger eintragen.

Und wo essen wir heute?

Menüvorschläge außer Haus und vom Fernsehen

Werkskantinen, Sushi-Tresen und Food-on-the-run

Tische: Warum wir im 21. Jahrhundert keine Esszimmer mehr brauchen und das »Frühstückchen« im Fun- und Freizeitpark Karriere macht

Die Orte heutigen Essens sind so vielfältig wie die Orte unseres Lebens selbst. Wir essen in Möbelhäusern und an Tankstellen, in Kantinen und in fahrenden Zügen, in Fast-Food-Filialen und an Döner-Ständen. Wir essen in Raststätten an der Autobahn, an Marktbuden, Kiosken, Kaffeeautomaten, wir essen von wackligen Klappbrettern im Flugzeug, in schattigen Biergärten, auf lichten Dachterrassen, an steinernen Picknicktischen in freier Natur. Wir gehen noch immer in den Wienerwald, zu Mövenpick, ins Argentinische Steakhaus, in die Cafés der Konditoreien, in den »Schwarzen Schwan«, den »Goldenen Ochsen«, den »Roten Löwen«. Wir gehen, ausgiebig, »zum Chinesen«, zum Italiener, zum Griechen, zum Inder, zum Jugoslawen. Wir essen, im Urlaub, in Hotelspeisesälen, am Strand, im Sand, am Pool, in Bodegas, Trattorien, Bistros, in asiatischen Garküchen und arabischen Basaren. Wir essen, zu Hause, am Esstisch, in Esszimmern, Wohnküchen, im Kreis der Familie, in Gegenwart zweier, dreier oder gar von vier

Generationen. Wir essen, immer häufiger, allein, abends, vor dem Fernseher, eine Schale aus der Mikrowelle auf den Knien, wir essen am Schreibtisch Schokolade bei laufendem Computer, wir essen auf der Straße, im Gehen, im Stehen an Bushaltestellen, wir essen Hamburger aus der Tüte im Auto, Croissants im Bus, Baguettes in der U-Bahn, wir essen überall und ständig, und dabei besteht Traditionelles neben formlos Anarchischem, durchregulierte Gemeinschaft behauptet sich neben schrankenloser Individualität, es lässt sich sagen: Der Roman unserer heutigen Essgewohnheiten erzählt nicht einfach *eine* Geschichte, redet nicht von *einer* Situation, hat nicht *eine* Entwicklungsrichtung, sondern er widerspiegelt ein großes, wirres Zugleich.

Täglich entfaltet sich dieses grenzenlose, individuell beliebig gestaltbare Durcheinander, ohne dass es unser Reden über das Essen, unsere generellen Grundannahmen über die Nahrung, Ernährung, Sättigung sonderlich verändert hätte. Nicht nur die Werbung stellt ihre grob vereinfachenden Klischees immer aufs Neue in den Raum, als wäre in den vergangenen Jahrzehnten nichts weiter geschehen. Der Grobschnitt regiert so unumschränkt in allen Köpfen, dass selbst die vermeintlich tiefergehenden Analysen an den heutigen Realitäten vorbeigehen. Viele Statistiken etwa sind im Zuge der tiefgreifenden Veränderungen längst inhaltsleer geworden, weil sie Begriffe abfragen, deren Definition höchst heikel geworden ist.

Der »Brotkonsum« etwa liefert dafür Anschauungsmaterial. Jahr für Jahr weist diese Kennziffer die Deutschen als Weltmeister im Brotessen aus, 85 Kilogramm pro Kopf waren es im Jahr 2001 – und »Brot«, das klingt nach urtümlicher Grundernährung, nach Butterbemme und Vollkornstulle, aber die Zahlen trügen sehr: Tatsächlich machen heute die außer Haus verkauften Brötchen, Brote, Baguettes, die belegten Croissants, Laugenstangen, Hamburger und Sandwiches bereits ein Drittel dieses »Brotkonsums« aus. Das aber heißt: Das gute alte Brot wird zum fremdproduzierten Snack auf der Straße, zum öffentlichen Massengut, es wird zu industriellem Fast Food – Greenpeace hat ermittelt, dass in Deutschland nur noch 18.800 Bäckereien ihre Ware wirklich selber backen. Allein in den Jahren seit der Jahrhundertwende hätten 4200 Betriebe ihre Öfen für immer ausgemacht. Gleichzeitig belieferten heute 60 industrielle Großbäckereien 120.000 Tankstellen, Supermärkte und Bäckerei-Filialläden mit Tütenbrot und diversen »Teiglingen« zum Fertigbacken. Der mehlbestäubte Bäcker am glutheißen Ofen ist nicht mehr – nur noch in unseren Köpfen und Herzen kann Brot herhalten als Sinnbild für Tradition und die schöne Einfachheit eines verzauberten Gestern.

Ähnliches gilt für die Kartoffel, immer noch Sinnbild deutscher Ernährung (obwohl die Iren, Portugiesen, Briten, Spanier, Belgier heutzutage viel mehr davon essen). Auch sie ist längst ins Räderwerk der Industrie geraten. 2002 wurden in Deutschland gut 11 Millionen Tonnen geerntet, fast ein Viertel des Ertrags der Europäischen Union, von denen etwa 5,5 Millionen Tonnen wirklich auf den Tellern landeten. Aber nicht unbedingt als gute alte Pellkartoffel: Bereits 2,3 Millionen Tonnen wurden von der Ernährungswirtschaft in »Kartoffelprodukte« verwandelt, in Chips oder Fritten, Röstitaler oder Kroketten, Puffer, Pürees und gefüllte Taschen aus dem ewigen Eis oder der Trockenpulverpackung. Der Markt wächst schnell, der Wettbewerb ist hart, und also liefern die Hersteller ständig neue Beweise für die »kreative Kartoffelvielfalt« – und schaffen die Kartoffel als erdverkrustete Knolle vom Feld für den Verbraucher ab. Er genießt vorgewaschen, vorgeschält, vorgebraten – und verliert ein weiteres Lebensmittel aus dem Blickfeld und der eigenen Erfahrungswelt.

Die Beobachtung, dass gängige Definitionen nicht mehr stimmen, lässt sich für viele Produkte durchspielen. Was sind Zahlen wert, die in gröbster Verallgemeinerung den Verbrauch von »Rindfleisch« ausweisen, aber nicht seine tatsächliche Verwendung für Doppel-Whopper, Pizza-Auflage, Tiefkühl-Lasagne, Teigtaschen, Lippenstifte oder Industriefette? Wer braucht allgemeine Zahlen über den »Milchkonsum«, wenn damit tatsächlich Zutaten für Schokoriegel, Soßenpulver, Gesundheitsdrinks, Hautcremes oder Instantnudeln gemeint sind? Was sagen Kiloangaben über den »Zuckerkonsum«, wenn sie nicht umgerechnet werden auf industriell produzierte Babykost, Fleischsalate, Gemüsepasten, Farbstoffe, Energiedrinks?

Unser Wissen über das Essen hält nicht Schritt mit der Wirklichkeit, im Gegenteil, fast scheint es, wir suchten nicht Erkenntnis, sondern vor allem Füllmaterial für unsere wohligen Klischees. Die Industrie und die ihr zugehörige Werbung zuallererst haben dadurch leichtes Spiel: Sie laden uns auf ewig unwidersprochen zum Träumen ein von »Pommerscher Gutsleberwurst« (im Plastikdarm) und »Fränkischer Hochzeitssuppe« (aus der Tüte), und wir möchten ihnen allzu gerne glauben, dass diese oder jene Kaffeemarke das heitere Familienfest unter blühenden Kastanien herbeizaubert, und dass diese oder jene Kuchenbackmischung den Geist großmütterlicher Liebe ins Haus zurückbringt.

Wir haben verlernt, realistisch über unser Essen zu denken und zu sprechen. Imgrunde schauen wir kaum noch hin auf unsere Teller, unsere Mahlzeiten, sondern haben lange schon begonnen, blindlings die mit Produkten und Marken verbundenen Klischees zu konsumieren. Eine beachtliche Verschiebung: Wir kümmern uns nicht einmal mehr darum, wo, wann und wie wir satt werden. Das Essen, in früheren Zeiten eine der mühe- und lustvollen, zeit- und arbeitsintensiven Hauptbeschäftigungen, verfließt in ein großes Irgendwie, Irgendwo und lässt uns ratlos und am Ende geheimnisvoll hungrig zurück.

Fangen wir von vorne an, wenigstens im Gedankenspiel. Unterziehen wir uns der kleinen Mühe, in fünf alltägliche Szenen des Essens kurz hineinzuschauen, als wäre es das erste Mal. Fünf Szenen, wie sie sich dauernd in Deutschland abspielen, fünfmal zwei Absätze heutiger Lebenswirklichkeit, in denen fünf kleine Welten, einander scheinbar nur lose verbundene Kulturen, Varianten desselben Phänomens: Essen aufscheinen. Und lernen wir daraus, schon auf den ersten Blick, wie komplex die Welt alltäglicher Sättigung geworden ist, wie optionsreich, wie anstrengend vielgestaltig, um diesen Umstand anschließend genauer zu betrachten. Denn der verblüffende Schluss wird lauten, dass in Deutschland der Tisch als gesellschaftlicher Ort zu verschwinden droht und dass das Essen aus unserem heutigen Leben wie eine lästige Störung an den Rand gedrängt wird. Schauen wir in eine Hamburger »Nordsee«-Filiale, in ein bayerisches Wirtshaus, ein hessisches Einfamilienhaus, besuchen wir eine Berliner Sushi-Bar und die Wohnung eines Singles in München-Schwabing.

I. Ein Straßenzug im Zentrum Hamburgs, es ist Dienstag, Mittagszeit, Arbeitspause, die »Nordsee«-Filiale schwirrt von Gästen, draußen riecht es nach Stadt, drinnen nach Bratfett, der Raum zerfällt in zwei Teile, links zieht sich eine Selbstbedienungstheke die ganze Wand entlang, rechts stehen auf zwei Dritteln der Fläche kleine Tische und Stühle aus Stahlrohr. Es gibt panierte Scholle, eckige Seelachsstücke, Kabeljau, mit Kartoffelsalat oder ohne, über den Köpfen sind auf Leuchttafeln weitere Speisen gelistet, auch exotische Sonderangebote zu »Aktionspreisen«. Der Kunde greift sich ein Tablett, schreitet das Buffet ab, ruft dem Personal seine Wünsche zu, die Bedienungen tragen Uniform, Schiffchen auf dem Kopf, sie greifen mit Zangen nach den Lebensmitteln, die sich der Kunde auswählt nach Baukastensystem, bezahlt wird die Variation am Ende der Reihe, an einer Kasse wie im Supermarkt. Dann sucht sich der Gast, das Tablett in den Händen, einen Platz, und isst.

Im Raum Beamte, Schülerinnen, Verkäufer aus den Möbelgeschäften des Viertels, Sekretärinnen aus den Büros, viele verschiedene Altersstufen. Die Gruppen bleiben nach Möglichkeit unter sich, soziale Mischung ist nicht vorgesehen, das Tablett gibt das Revier des Einzelnen vor, der Tisch markiert das Gelände der Gruppe. Viele Esser sitzen allein, lesen Zeitung zwischen den Gabelbissen oder schauen, durch die Glasfront des Schnellrestaurants, hinaus auf die bewegte Straßenszene. Sie allein unterscheidet diese »Nordsee«-Filiale von anderen. Draußen könnte München sein, Frankfurt, Stuttgart, Hannover; drinnen bleibt sich, von architektonischen Besonderheiten abgesehen, alles gleich, deutschlandweit, das Angebot, der Geschäftsgang, die Namen, Farben, Preise, alles ist eine gewollte Austauschbarkeit in Blau-Weiß-Rot: Wer hier eintritt, soll wissen, was auf ihn zukommt, was von ihm erwartet wird, wie die Sache läuft. Lange bleiben die Esser in der Regel nicht. Man sättigt sich schnell und beseitigt die Spuren des eigenen Mahls, indem das Tablett in dafür vorgesehene Aluschränke geschoben wird, bevor man, noch kauend, die Straße draußen nach 20 Minuten wieder erreicht.

II. Ein Dorf in Niederbayern südlich von Regensburg, es ist Sonntag, zwölf Uhr mittags, der Kirchgang vorüber, die »Alte Post« füllt sich mit Gästen, draußen vor der Tür riecht es nach Mist, drinnen nach Schweinebraten aus dem Ofen, nach Bier und bald nach billigen Zigarren. Vom Windfang links geht die Tür ins Nebenzimmer, dort wird eine Taufe gefeiert, zwei Dutzend Gäste, vier Generationen. Nach rechts geht es in die Wirtsstube mit großem Stammtisch im Zentrum, reserviert für die wiederkehrenden Dauergäste, gesperrt für Ortsfremde, exklusiv markiert durch Größe, Standort, räumliche Aura. Auf der Karte Regionales, Braten, Knödel, Krautsalat, Innereien, alle Zutaten stammen aus der Gegend, aus der Nachbarschaft, aus eigener Produktion, das Bier kommt von einer Brauerei in 15 Kilometern Entfernung.

In der Wirtsstube, unter geblümten Stofflampen, sitzen junge Familien mit Kindern, Gemeinderäte, Funktionäre des Handballclubs, Lehrer der Grundschule, alleinstehende Damen, Bauern im Sonntagsstaat. Sie teilen sich dicht gestellte Sechsertische, es ist laut, es wird viel gesprochen, auch zu Fremden, zur Tür hin steht die Schankanlage, ein kurzer Tresen nicht zum Verweilen, sondern nur zur Ausgabe der Getränke an die Kellnerinnen. Sie servieren in Tracht, tragen große Tabletts mit großen Biergläsern herum, sie begrüßen viele Gäste mit Namen und verbreiten Verbindlichkeit. Auf groben Regalbrettern unter der Decke sind gravierte Zinnteller ausgestellt, Pokale örtlicher Vereine, die hier ihre Siege feierten in geschlossener Gesellschaft. Die Fenster des Gasthauses sind aus Buntglas, 200 Jahre alt, blickdicht, man kann weder hinaus- noch hereinschauen. Wer eintritt, um für mindestens eine Stunde zu bleiben, fühlt mit einem Schlag, dass er sich in einen sozialen Kosmos voller Regeln begeben hat, in dem sich bei genauem Hinschauen vermutlich die ganze Dorfgemeinschaft auffinden ließe.

III. Eine Kleinstadt in Südhessen, Taunus, es ist ein Mittwoch gegen sieben Uhr abends, draußen dunkler Winter, drinnen warmer Dunst von kochenden Kartoffeln, beschlagene Scheiben in der Küche eines Einfamilienhauses, Eheleute, zwei Kinder, ein Hund. Ein großer Eisschrank, zur Hälfte Tiefkühlgerät, dominiert fast den Raum, klein wirkt die eingebaute Küchenzeile gegenüber, Hängeschränke, Elektroherd, Spüle. In einem Korb liegen Zwiebeln, auf einem Schneidbrett ein Bund Schnittlauch, sonst ist nichts Frisches im Raum zu sehen, kein Obst, kein Gemüse, auf der Anrichte neben dem Esstisch stehen Großpackungen Cornflakes, Nutella, Honig, Breigläser »Baby Apfel«, »Fruchtallerlei«, weiter links Ketchup und Senf in weichen Plastikflaschen, die auf dem Kopf stehen. Der Esstisch, Eigenbau, Ikea, gedeckt mit einer abwaschbaren roten Plastikdecke, misst 80 mal 120 Zentimeter, es stehen vier Stühle daran, jeder anders, dazu ein Kinderhochstuhl. Das Geschirr, Teller, Bestecke, findet sich in der Tischmitte, alle außer dem Baby bedienen sich im Augenblick, da das Essen formlos beginnt.

Es gibt, für die Großen und die ältere Tochter, Pellkartoffeln mit Quark, die Kleine wird nebenher von der Mutter gefüttert mit Instant-Hirsebrei. Die Kartoffeln, »Erntegold«, wurden im 2,5-Kilo-Sack im Supermarkt gekauft, der Quark ist ein fettarmes Bio-Produkt, die Mutter trinkt Apfelsaftschorle, der Vater Bier, die ältere Tochter Coca-Cola, die Kleine nichts. Das Abendessen ist die einzige gemeinsame Mahlzeit der Familie mit einiger Regelmäßigkeit, außer montags, wenn der Vater abends Fußball spielt, und donnerstags, wenn die Mutter zum Badminton verabredet ist. Gemeinsames Frühstück fällt aus wegen unterschiedlicher Terminpläne, in den Mittagsstunden ist die Familie über die Frankfurter Region verstreut bei der Arbeit, in der Schule, bei der Tagesmutter. Das Kartoffelessen kippt nach fünf Minuten, weil die ältere Tochter doch keine Pellkartoffeln, sondern jetzt lieber ein Käsebrot essen würde, das kleine Kind im Hochstuhl verweigert den Brei, obwohl ausgiebig nachgezuckert wurde. Ungute Stimmung, die Eltern essen hastig, nach einer Viertelstunde wird abgeräumt.

IV. Ein S-Bahn-Bogen in Berlin-Charlottenburg, es ist Freitagabend, Stadt und Umland gehen aus, das »Sachiko Sushi« ist voll besetzt mit Gästen, über den Köpfen sind im Minutentakt rumpelnd die Bahnen zu hören, die Luft ist geruchlos, die Lüftung perfekt, Rauchen verboten. Das Lokal, rechts im Hintergrund eine kleine Kasse, besteht ansonsten einzig aus einem großen, allseitig zugänglichen, von oben betrachtet mandelförmigen Tresen, um den sich zwei Dutzend Hocker gruppieren, der sonstige Raum bleibt leer, keine Tische zu ebener Erde, keine Bilder an den Wänden, kein Schmuck. Der Tresen selbst ist zweigeteilt in einen äußeren Ring, der als Stellfläche dient, und in einen inneren, wassergefüllten, auf dem spielzeuggroße Holzboote langsam und in Griffweite vorbeiziehen, an Bord rechteckige Tellerchen mit Maguro, Ebi, Unagi, Sake Maki, alles Sushi: roher Fisch, Klebreis.

Jeder bedient sich. Im Innenraum kontrollieren zwei Sushi-Meister den Fortgang der Geschäfte, das heißt, sie bestücken in laufender Arbeit die Boote, kneten Reis, schnetzeln Fisch und sorgen für Nachschub am Fließband just-in-time. Die Esser, gut gekleidet, weltläufig, dunkle Brillen, Medienleute, Geschäftsreisende, Anwältinnen, sind zwischen 30 und 40, sie vermeiden den direkten Blickkontakt mit anderen Gästen, sie telefonieren viel mit Mobilapparaten, und zwischen die Paare mischen sich zu einem Drittel Alleinesser, Dinnersolisten mit dem geübten Blick gradeaus ins Leere. Man trinkt grünen Tee, kaum Alkohol.

Wer hier eintritt, sucht nicht den Rausch und das Völlen, nicht Austausch, menschliche Nähe, sondern die Lust an der Beschränkung, die mönchische Konzentration. Und er bringt Selbstvertrauen mit, weil dies eine prominente Bühne im Stadtleben ist, ein Ort für den geschliffenen individuellen Auftritt. Im Lauf der Zeit bauen sich vor der Kundschaft Türme aus Tellerchen auf, ihre Zahl wird am Ende Grundlage der Rechnung sein, und das Ende kommt nach ungefähr einer Dreiviertelstunde.

V. Ein gut restaurierter Hinterhof in München-Schwabing, 110 Quadratmeter Dachgeschoss Nähe Türkenstraße, es ist Montagabend kurz nach halb elf, das größte Zimmer der Wohnung geht direkt über in eine Küchenzeile getrennt nur durch einen Tresen, teure Einbaugeräte, grau-schwarzes Design. In den Glastüren der Vorratsschränke sind Tütenstapel zu sehen, ein halbes Dutzend »Asia-Nudelsnacks«, Gläser mit »Uncle Ben's«-Fertigsaucen für Reis, »Erasco«-Suppen, auf den Arbeitsflächen liegen Zeitungen, ein Paket »Harry«-Vollkorntoast, in einer Schale Bananen, Mandarinen, Physalis, ein halber verwelkter Salatkopf.

Single-Haushalt, der zugehörige Solo-Esser arbeitet als Junganwalt in einer großen Wirtschaftskanzlei, die Arbeitstage dauern von acht Uhr morgens bis etwa 10 Uhr abends, manchmal länger, an diesem Montag gibt es als Nachtmahl zwei am U-Bahnhof gekaufte Stücke von »Pizza-Hut«, Salami und Thunfisch, dazu einen vorgeschnittenen, in der Tüte gekauften Salat mit in Wasser angerührter »Salat-Krönung Italienisch«. Das Menü wird verzehrt vor dem Fernseher, der Esser sitzt auf der Vorderkante einer Ledercouch weit nach vorne gebeugt zu einem niedrigen Tisch, er isst abwechselnd Salat mit der Gabel und Pizza mit der Hand, er trinkt australischen Chardonnay von Woodbridge. Das Essen dauert eine knappe Viertelstunde, dann legt sich der Single mit den Schuhen aufs Sofa und telefoniert.

Fünf Alltagsszenen, fünfmal zwei Absätze über Lebenswirklichkeit in Deutschland, sie veranschaulichen, wie differenziert unsere Rede vom Essen sein müsste, um nicht völlig an der Sache vorbeizugehen. Die Sushi-Bar, das Wirtshaus, die Fast-Food-Filiale, die Familie, der Single, sie haben, isoliert betrachtet, so gut wie nichts miteinander zu tun, scharf getrennt erscheinen die Sphären, jeweils umrauscht von einem Chor der Bedeutungen, ganz oder gar nicht mit Kultur befrachtet, in Traditionen so verankert wie aus ihnen gelöst, mit Konzepten und Lebensstilen befrachtet, und auf den ersten Blick stehen sie fast fremd nebeneinander, wie aus deutlich voneinander geschiedenen Welten.

Tatsächlich werden die geschilderten Szenen und die mit ihnen verbundenen Konzepte in den Debatten unserer Zeit und in den Schablonen der Werbung ständig gegeneinander ausgespielt. Das Wirtshaus steht als konservative Trutzburg gegen den anonymen Ramsch des Fast-Food-Lokals und die bedrohliche Modernität der Sushi-Bar. Sie wiederum wird umgekehrt markiert als zeitgemäße Essstation einer globalisierten, qualitätsbewussten Moderne, als Gegenentwurf sowohl zur Schweinebraten-Provinz als auch zur Massenware aus der »Nordsee«. Der trendbewusste Single, ein ständiger Held der Werbeclips, wird in Stellung gebracht gegen das biedere Wirtshaus-Konzept, aber auch gegen die

Mühsal moderner Familienorganisation, während beide, Familie und Single, als Beispiele herhalten müssen für den Niedergang der Esskultur generell, für die Industrialisierung unserer Nahrung, die Rationalisierung ihrer Herstellung, für die Ent-Traditionalisierung des Häuslichen. An diese Schubladen haben wir uns gewöhnt, und in Gedanken füllen wir sie täglich mit neuem Material – aber tatsächlich gehen die beschriebenen Konflikte zum großen Teil an der Sache vorbei.

Die angeblich so separaten Sphären sind überhaupt nicht getrennt. Gut möglich, dass der Single sonntags mit ein paar Freunden begeistert die »Alte Post« besucht, dass die Wirtshaus-Bedienung tags darauf in irgendeiner »Nordsee«-Filiale ein Fischbrötchen kauft, dass die Eltern aus Südhessen bei einem Berlin-Ausflug (ohne Kinder) in der Sushi-Bar tafeln, dass sie dort auf den Single treffen, der am nächsten Tag aufwändig für Gäste kocht, und so weiter. Es sind dies, was die Lebensstile und Essvorlieben angeht, die glücklichen Zeiten des Anything goes, glücklich, weil das für aufgeklärte Esser heißt: Nie waren die Zeiten besser.

Gestern Schweinebraten, heute Sushi, morgen Pellkartoffeln, übermorgen Tiefkühlpizza – nichts hindert den Einzelnen daran, ständig nach allen Optionen zu greifen und je nach Laune in die Vollen zu gehen. Alles ist möglich: Abhängig von Verdienst, Kontostand, Biographie, sozialer Schicht, Bildung, Lebenssituation wird ein großes Wunschkonzert gespielt. Wirklich werden in diesen Jahren am Beginn des 21. Jahrhunderts zwischen Drei-Sterne-Restaurants und Pommes frites aus der Tüte kulinarische

Lebensläufe geschrieben, die es in Deutschland so noch nie gegeben hat – jeder durchschreitet seine Welt nach Möglichkeiten und nach Gusto. Aber das ist freilich nur die verheißungsvolle Möglichkeit; und sie bietet sich nur einigen Wenigen, und also wird die große Freiheit selten wahr.

Die Wirklichkeit der Vielen sieht viel grauer aus. Für die meisten Zeitgenossen unserer Tage werden die Orte des Essens nicht vielfältiger, sondern einfach nur beliebig. Das beginnt beim Esstisch selbst, der mindestens 150 Jahre lang im Zentrum privater, deutscher Alltagswelt stand, und der nun seit vielen Jahren nach hier und da verrückt wird. Er verschiebt sich zum einen in die Öffentlichkeit, in die »Außer-Haus-Welt«, in die Restaurants, Kantinen und Bretterbuden von Slow bis Fast und Finger Food. Diese Entwicklung vollzieht sich rasant, und sie ist noch nicht zu Ende: Wurde vom Essensbudget im Jahr 1962 nur jede zehnte Mark außer Haus ausgegeben, war es 1995 schon jede vierte, und bald wird es jede dritte sein. Dies ist die eine, große Tendenz: Unser Essen flieht das Private, es wird ein massenhafter öffentlicher Vorgang, anonymisiert von einer zugehörigen »System-Gastronomie«, organisiert in Kantinen und Großküchen, verfeinert in Restaurants – aber hier wie da zunehmend informell, öffentlich und von professionellen Anbietern fremdbestimmt.

Im Privaten dagegen rückt der Esstisch immer weiter an den Rand. Kaum noch wird in Stadtwohnungen ein ganzes Zimmer für ihn reserviert. Das Möbel kehrt zurück in die Küche, wird kleiner, verschwindet womöglich ganz oder ist nicht länger statischer Ort, sondern wird ambulant, weggeklappt, verstaut und nur bei Bedarf aufgebaut. Der Schreibtisch kann Esstisch sein, der Couchtisch tut es auch, ein Stück Pizza ist leicht aus der Hand zu bewältigen. Aber mit dem Tisch verschwindet nicht irgendein Möbelstück. Es verschwindet ein einst versichernder, stabiler Ort, ein Schauplatz gemeinsamer, familiärer Erlebnisse, eine wichtige Bühne unserer sozialen Urerfahrungen. Unser Essen verliert seinen Ort, seine Zeit, seine klar umgrenzte, unteilbare Sphäre.

Statistische Zahlen sagen aus, dass es 70 Prozent der Familien in Deutschland nur noch zu einer einzigen gemeinsamen Mahlzeit in der Woche bringen. Nur 5 Prozent, heißt es, essen noch regelmäßig gemeinsam zu Mittag. Überhaupt, das Mittagessen: Noch vor 30 Jahren kaum angetastet von den Zeitläuften, ist es mittlerweile in zwei Dritteln aller deutschen Haushalte abserviert. Frühstück und Abendessen, aber auch die »Zwischenmahlzeiten«, haben an seiner statt Karriere gemacht, wobei das Frühstück in Deutschland inzwischen zur ausgiebigsten, beliebtesten Mahlzeit des Tages geworden ist, das Abendessen folgt auf Rang zwei. Nur an Wochenenden, an Sonntagen, ist die alte Herrschaft des Mittagsmahls noch nicht derart gebrochen, nicht selten liegt das daran, dass dann die Mutter kocht, die Großmutter.

Zunehmend gleichgültig wird allerdings die Frage, *wann* gegessen wird, weil der wichtigere, eigentlich erschütternde Befund das *Wie lang?* betrifft: Die Deutschen wenden pro Werktag nur noch 40 Minuten für ihr Essen auf. 40 Minuten für alle drei Kernmahlzeiten plus die »Snacks« und

Brötchen am Wege – rationeller, produktiver, unsinnlicher kann Sättigung nicht vonstatten gehen. Essen, früher *das* zentrale Ereignis im familiären Leben, wird Nebensache, es findet sich degradiert zum Termin neben anderen Terminen, im gedrängten täglichen Stundenplan ordnet es sich ein zwischen Kinobesuchen, Kinderschwimmen, Fitnessstudio, Fernsehprogramm. Essen hat, für die überwältigende Mehrzahl der Deutschen, als *die* große Kultur- und Sozialmaschine des Lebens ausgedient. Es wird zum Störfaktor im Freizeitpark, zur lästigen Notwendigkeit.

Nur noch in einem Drittel aller deutschen Haushalte wird täglich gekocht, je jünger die Leute, je kleiner die Haushalte, desto seltener. Und die Aussage: »Es wird gekocht«, ist irreführend. Die Rede ist nur noch von einem Zeitaufwand von kaum einer halben Stunde für die Zubereitung aller Speisen eines Tages. Kochen wird von der großen Masse der Deutschen nicht länger verstanden als der relativ langwierige Prozess des Auswählens, Beschaffens, Zubereitens, Verzehrens. Wer heute Kochen sagt, meint immer öfter: Tüten aufschneiden, Büchsen öffnen, Portionsschalen in Mikrowellen schieben, und nicht von ungefähr sind im Supermarkt die Tiefkühlpackungen immer häufiger mit der Botschaft bedruckt: »in 3 Minuten fertig«, »nur 1 Minute Garzeit«, »fix und fertig in 2 Minuten«, es finden sich Uhrensymbole und mathematische Zeichen auf den Paketen, um das entscheidende Verkaufsargument zu illustrieren: »Zubereitungszeit unter 5 Minuten«.

Die lieblose Hast am Herd hat Folgen für das Geschehen bei Tisch. Die Qualität der Gemeinschaft bleibt nicht unbeeinflusst von der Qualität des aufgetragenen Essens. Jeder fühlt, dass »Mama Miracoli« in Wahrheit eine Rabenmutter ist, weil sie ihre Kinder aus der Tüte ernährt. Und jeder weiß, dass ein großer, schwieriger Schmorbraten Wärme verströmt über sein bloß Materielles hinaus und dass sich abseits aller Aromen auch investierte Zuneigung genießen lässt. Wo nicht mehr gekocht wird, sondern nur noch aufgetaut und aufgewärmt, nimmt der ideelle Wert des gemeinsamen Mahls und des Essens schlechthin deutlich Schaden.

Menschen, die sich für ein stundenlang sorgfältig zubereitetes Essen um einen gedeckten Tisch versammeln, tun dies offensichtlich anders, mit anderen Erwartungen, anderer Vorfreude, mit anderen Zeitvorstellungen, anderer Verbindlichkeit, anderem Respekt vor dem Lebensmittel, als dies Menschen tun, die sich zum gemeinsamen Verzehr von Take-away-Pizza aus Pappschachteln treffen. Zwar gilt auch hier: Anything goes, wer heute selbstgeschmortes Lammragout isst, kann schon morgen vor der Pizza-Schachtel sitzen. Doch bleiben solche Grenzgänge in der Regel selten, weil sie doch nur »von oben nach unten« funktionieren, das heißt: Nur einem Koch- und Esskundigen steht es frei, derart souverän über seinen Menüplan zu bestimmen. Wer weder kochen kann noch sonst über esskulturelle Bildung verfügt, und diese Kombination entwickelt sich zum Regelfall, hat am Ende, vor dem Tiefkühlschrank, nur mehr die Wahl zwischen Pizza Salami oder Pizza Hawaii.

Wer weiß, wo die Entwicklung endet? »Das Essen wird zum großen Event«, schrieb fröhlich das ›Handelsblatt‹ in einer Silvesterausgabe jüngerer Zeit, und zitierte unter dieser Überschrift ausgiebig, was Berliner und Düsseldorfer Trendforscher zur Sache zu sagen haben. »Eat around the clock«, werde ein Schlüsselwort der Zukunft sein, die traditionellen Tischzeiten lösten sich auf, schon das Frühstück werde künftig in »Coffee-to-go-Shops« außer Haus genossen, »im Laufe des Tages wird man dann mehrmals Kleinigkeiten essen, Snacking und Fingerfood wird sich immer mehr durchsetzen«. Weiter wurde vermeldet, dass Jugendliche heute in puncto Essen »die drei Konten Gesundheit, Stärkung und Spaß im Werteportfolio haben«, »auf das Konto Gesundheit wird vor allem morgens eingezahlt. Im Laufe des Tages gehen die meisten Einträge auf das Konto Stärkung. Der eigentliche Spaß beginnt am Abend, da wird ordentlich auf das Spaßkonto eingezahlt.« Wer so über Essen spricht, hat nichts verstanden. Wir alle wissen besser, egal wie weit wir uns aus Riten und Traditionen gelöst zu haben glauben, dass es bei Tisch, beim Essen auch künftig um weit mehr geht als um »Fingerfood around the clock«.

Wir werden, in Zukunft, Heimweh haben nach gedeckten Tischen. Denn die Verluste des »Eat around the clock« sind leicht zu benennen. Ohne das Erlebnis von Tischgesellschaften fehlt uns ein wesentlicher Ort der sozialen Begegnung, des spielerischen Lernens auch über die Dinge des Essens selbst und über gesellschaftliche Verhältnisse insgesamt. Als noch die »bürgerlichen« Tagesabläufe intakt waren (und sie sind es im Übrigen in vielen Ländern noch, in Spanien, Italien, Frankreich, Österreich), gaben die Tischzeiten dem Tag seine wesentliche Struktur. Essen war ein Ordnungsfaktor von so klarer Regelmäßigkeit, dass die Kirchen morgens, mittags und am frühen Abend ihre Glocken läuteten, weil die Pfarrer wussten, dass sich die Gemeinde draußen eben um den Tisch und also zum Tischgebet versammelte.

Derlei Statik ist den heutigen Lebensabläufen fremd. Wir haben uns in eine andere Kultur begeben, ohne allerdings ausreichend Ersatz zu schaffen für die ehedem »werthaltigen« Regeln. Das gemeinsame Essen bei Tisch und die damit verbundene große Kulturleistung vieler Generationen wurde in Deutschland nach dem Krieg bald als rückständig, altmodisch, irgendwie unmodern erachtet und durch individuell geprägte, mehr spontane und improvisierte Lebens- und Essensweisen ersetzt. Aber es bleibt ein Problem: Wer die Erfahrung gemeinsamen Essens nicht macht, dem fehlt einfachstes, praktisches Anschauungsmaterial über soziale Gefüge, über Geschlechterrollen, über Generationen- und Geschwisterkonflikte und deren Methoden der Austragung. Kinder werden bei Tisch bekannt mit dem Geben und Nehmen, dem Teilen, Verzichten und Habenwollen, sie werden bekannt mit einfachen zivilen Errungenschaften, Esstechniken, auch mit Umgangsformen und den lange als »Sekundärtugenden« verunglimpften zivilen Errungenschaften wie Höflichkeit, Respekt und Selbstdisziplin.

Wer immer sich an einen Tisch setzt, um mit anderen gemeinsam zu essen, schreibt mit am großen, endlosen Tagebuch der kulinarischen Kulturgeschichte, er wird Teil eines Bildungszusammenhangs, ob er das will oder nicht, ob er es weiß oder nicht. In jeder Tischgemeinschaft wirkt ein Wissen um Kultur, um alte Vorbilder, eine Ahnung von den Gesten des Teilens, des Brotbrechens, vom großen

Abendmahl. Es geht um Gastfreundschaft bei Tisch, um bürgerliche Geschichte, christliche Bräuche, um anthropologische Phänomene wie eben die Gastfreundschaft, es geht immer auch um fremde und eigene Bräuche, um das Abenteuer des gemeinsamen Entdeckens, es geht um Konzepte von Gemeinschaft. Wir glauben zwar in der Regel, solche Herleitungen straflos ignorieren zu können, aber wir sind zu schnell dabei, Tradition und Geschichte für tot zu erklären. Wer meint, die großen Kulturstränge des Essens seien quasi abgelebt, schon antik, längst versandet, sie seien nicht länger wirkmächtige Vergangenheit, sondern lägen vor uns da wie abgeschnittene alte Zöpfe, darf sich auf große Phantomschmerzen gefasst machen. Essen halte Leib und Seele zusammen, weiß der Volksmund. Womöglich zählt es auch zum Kitt, der ganze Gesellschaften zusammenhält.

Die Orte unseres Essens erzählen viel über uns und unsere Zeit. Sie geben Auskunft über die Lebenswelten von Familien, über Gemeinschaft und Vereinzelung, sie verraten Geheimnisse über Gastgeber und Gäste, spiegeln Zeit- und Kulturgeschichte wider, sie berichten von Festen, von Alltag, von Sonntag, von Freizeit, von Bildungsgraden, von Weltläufigkeit, von Mangel und Überfluss, von Angeberei und Geiz, das alles in tausend feinen Varianten, die doch für die meisten von uns noch immer leicht fassbar sind.

Die Situationen, in denen wir essen, erzählen viel über den Zustand der Welt, in der wir leben. Wir müssen uns das Wissen darüber zurückerobern, die hektisch mampfende Bewusstlosigkeit überwinden. Wenn es stimmt, dass allgemein eine »Entschleunigung« der Welt guttäte, so heißt das für unser Essen, dass wir ihm wieder einen Ort geben müssen, einen Ort für Begegnung, für gemeinsames Erleben. Wir müssen dem Essen wieder Raum geben, und das heißt auch: genügend Zeit.

Winzerschinken, China-Pfanne und Weihnachtsgefühle

Feste: Eine Karussellfahrt über deutsche Rummelplätze, wo im Budenzauber des kulinarischen Einerleis die große Stunde des kulturell kleinen Mannes schlägt

Der Stern von Bethlehem zieht seinen Lichtschweif über Pilz- und Nudel-, Mexiko- und Chinapfanne, er schimmert über Bratwurst und Nackensteak, über Sauerkrauttopf und Wurstgulasch, er kündet droben frohe Botschaft, während drunten Feuerfleisch und Gyros braten. Christsterne und Wintersonnen gehen ihre Bahn über kunstverschneiten Budengassen, wo aus meterbreiten Kochgeschirren Bärenschmaus und Räuberpfanne dampfen. Bald muss Weihnachten sein. Aber zuerst kommt, wochenlang, der Weihnachtsmarkt.

In Dresden, am Beginn des 21. Jahrhunderts, kommt er mit allen eingangs erwähnten Köstlichkeiten, bereichert noch um Knoblauchkartoffel, Garnelen-Snackbox, Altberliner Currywurst, Quarkkeulchen, Pflaumen-Toffeln, asiatischen Nudeln. Der Stollen, der Striezel, Namensgeber des Treibens, ist lang schon nicht mehr unumstrittener Mittelpunkt auf dem anerkannt ältesten deutschen Weihnachtsmarkt, dessen stolze Geschichte 1434 mit einem eintägigen

Fleischmarkt begann. Ein halbes Jahrtausend später hält der Festmarkt die Stadt über Wochen hin in seinem Bann, sein Getriebe franst aus in die umliegenden Geschäftszeilen und Fußgängerzonen, die wendeneuen Shopping-Malls und plansozialistischen Durchgangsstraßen. Er zieht Menschen an aus der ganzen Region, aus Sachsen, Thüringen, Brandenburg, manche bemühen sich von noch weiter her und besteigen schon im Morgengrauen in Hessen und Bayern Reisebusse, um in Dresden halbe Tage zu verbummeln.

In der Stadt keine Laterne, an der nicht Lämpchen blinkten, zu Glocken, Äpfeln, Nikoläusen gruppiert; kein kahler Baum, kein Strauch, aus dem es nicht elektrisch glühte, kein Schaufenster, in dem nicht Kunstschnee stäubte oder winterliche Dörfer in breughelscher Färbung ins Bild gesetzt wären. Vom Dresdner Hauptbahnhof weg die Prager Straße hinauf Richtung Altstadt rumort der Kult um die Stille Nacht, Buden schon hier, noch weit weg vom Altmarkt, aus denen Glühwein, Schmalzkuchen, Buletten, Bier und Kebab über schmale Tresen gehen. Je näher am Hauptgeschehen, desto reger der Betrieb, desto lauter »O du Fröhliche« und »O Tannenbaum«. Vor den Geschäften liefern Drehorgelspieler die Begleitmusik zum Gedränge, Gaststätten ufern bei Eiseskälte auf die Straße aus, um unter silbrig dekorierten Dächern Shrimps oder Schaschlikspieße al fresco zu servieren.

Bald verengen sich die Straßen, um sich endlich weit zu öffnen auf den Altmarkt. In seiner Mitte, über die Scheitel der Buden weg, grüßen gewaltige Räuchermännchen, Nussknacker und eine Erzgebirgspyramide, haushoch. Zu ebener

Erde der Markt, Striezelmarkt, Stollenmarkt, Weihnachtsmarkt: Zwölf lange und acht kurze Budenreihen, zehn Gassen aus gut 230 Ständen, sie stehen Spalier zum Amüsement der herandrängenden Besucher, die am späten Vormittag der Adventssamstage zu Tausenden hereinsickern, mehr als zwei Millionen Menschen im Verlauf der Vorweihnachtszeit. Das Kollektiv der Konsumenten spürt der Besinnlichkeit nach, nimmt hier einen Kakao mit Brandy, da einen Kaffee mit Eierlikör, füllt zum halben Meter Bratwurst mit Bier nach und spült die Kutscherpfanne mit Glühwein weg. Am frühen Nachmittag malt sich tiefe Befriedigung in die Gesichter, allgemeine Fröhlichkeit, lustig ziehen Schlitten über die Budenschilder, schnuppern Eisbären, äsen Rentiere, und Weihnachtsmänner im Dutzend winken mit Ruten aus künstlichem Reisig. »Weihnachtszeit, schönste Zeit ...«, so steht es auf Lebkuchenherzen und T-Shirts, und handgemalte Schilder verkünden noch einmal die zugehörige Menüfolge: »Zwiebelfleisch«, »Matjesbrötchen«, »Dampfnudeln«, »Currygulasch«, »Hier: Lumumba-Grog«. Und was für Dresden gilt, gilt für das ganze Land.

Der Geist der Weihnacht geht durch den Magen. Keine Zeit, die so gefühlig und gefräßig wäre wie der deutsche Advent, kein Jahrmarkt, der so mit schlaraffischen Kinderträumereien jonglierte wie der zur Weihnacht. Die Marktplätze, vorzugsweise verkehrsberuhigt, kopfsteingepflastert und von Fachwerk umgeben, inszenieren Budenzauber überall. Ob Bonn oder Nürnberg, München oder Bremen, Essen, Schwerin, Köln, Leipzig oder Stuttgart, in allen Regionen, in Städten und Dörfern, ob katholisch, protestantisch oder längst konfessionslos, wird die Freude am Christkind in heimeliger Kulisse inszeniert. Die Statistik zählt in Deutschland sagenhafte 1750 Advents- und Weihnachtsmärkte. Als gälte uns die Ankunft Christi viel, hören wir im Markttreiben verzückt Posaunenchören zu, wärmen uns am Geläut von Kirchenglocken und freuen uns an Engeln, Krippenspielen, an Maria und Joseph und den Heiligen Drei Königen. Es ist eine Operette voller Sehnsucht, ein Stück auch über vorsätzliche Weltflucht und darüber, warum andere Völker uns Deutsche noch immer für merkwürdige Romantiker halten.

Und merkwürdig sind die Weihnachtsmärkte in der Tat. Sie haben sich verwandelt von echten Märkten in unwirkliche Konglomerate ambulanter Fresserei. Das ist leicht zu erklären: Nicht nur die Dresdner Märkte waren die allerlängste Zeit ihrer Geschichte eine Leistungsschau der Töpfer, Goldschmiede, Spitzenhändler, Drechsler, Fassmacher, Messerschmiede, Klempner, Zeughändler, ehe das 20. Jahrhundert – und erst recht die deutsch-deutsche Nachwendezeit – die große Budenstadt als Messeplatz ganz überflüssig machte. Denn natürlich wird der Markt als Ort des Handels in diesen postindustriellen, computervernetzten Jahren, von ein paar Nussknackerschnitzern und Glaskugelbläsern abgesehen, nicht mehr gebraucht, und ebenso wenig ist er vonnöten für die Versorgung der Bevölkerung mit Salzheringen oder Pökelfleisch, wie sie sich die historischen Märkte seit dem Mittelalter angelegen sein ließen. Deshalb bleibt als Nische für die Weihnachtsmärkte heute nur das große, sinnlose Fressen, wie es auf jedem x-beliebigen Rummelplatz vonstatten geht, wo es sich erwachsene Esser gefallen lassen, von Plastiktellern mit Plastikmessern an verdreckten Stehtischen im Schneematsch und bei Eisregen zu speisen.

Schwer zu sagen, wie die Sehnsucht nach altdeutscher Gemütlichkeit und das pseudoglobale Fast Food von Mexiko- bis Chinapfanne zusammengehen. Eine Erklärung mag darin liegen, dass auf den Märkten noch wahrhaftig das Feuer lodert, gespeist aus Kohle oder gar Holzscheiten, Feuer, das in die dunkle Jahreszeit flackert wie ein Abglanz des verklärten Gestern, das nach Bratäpfeln und Marzipan und für manche Ältere noch nach Kindheit riecht. Offenkundig schlucken wir die Präsenz des Fremden im Urdeutschen, solange es vor unseren Augen rustikal mit schaufelgroßen Kellen handgerührt wird – und es scheint sogar, dass darin die alte Markttradition der Handwerksmesse, des irgendwie Handgemachten, in kulturellen Spurenelementen noch fortlebt. Unvorstellbar jedenfalls bis auf weiteres, dass auf Weihnachtsmärkten McDonald's-Buden oder Pizza-Hut-Stände Erfolg haben könnten. Sehr wahrscheinlich würden sie sogar Empörung ernten, weil sie mit dem Skript unseres Illusionstheaters allzu krachend kollidierten. Ansonsten aber findet das Weihnachtliche am Weihnachtsmarkt vor allem in unseren Köpfen statt, je trüber die Wirklichkeit, desto aktiver die Phantasie. So unbedingt wollen wir an den Adventszauber glauben, dass wir zahllose Kompromisse einzugehen bereit sind und selbst Asien-Nudeln, Tsatsiki und panierte Tintenfischringe aus Fünf-Kilo-Tiefkühlsäcken in unserer altdeutschen Weihnachtsstimmung irgendwo untergebracht haben – ein Phänomen.

Wer Erklärungen dafür sucht, stößt darauf, dass wir die Exotik und die mangelhafte Qualität des festlichen Angebots offenkundig nicht mehr wahrnehmen, weil es ziemlich deckungsgleich mit unserem alltäglichen Speiseplan geworden ist. Wer sein privates Leben mit Chicken Nuggets, Bihun-Suppendosen und »Maggi fix für asiatische Reispfanne« bestreitet, den schockt auch draußen in der Welt nicht viel; ihm begegnet immer nur das Altbekannte, sei es in oder außerhalb der Weihnachtszeit. Und wer sich zudem aus dem Kreis der Köche verabschiedet hat, dem muss das Essen auf den Märkten noch immer besonders und bedeutsam anders vorkommen, frisch und appetitlich, und jedenfalls schlägt es auf niedrigem Niveau die Ergebnisse, die von Mikrowellen zu erwarten sind. So kann, relativ gesehen, in einer Zeit, da die Qualität von Lebensmitteln für die meisten Menschen kein Kriterium mehr ist, selbst ein Teller Volksfest-Pfanne festlich delikat erscheinen, und wird er unter Kiefernzweigen in aller Kälte angerichtet, so sieht er schon ausreichend nach Weihnachten aus. Den atmosphärischen Rest erledigt der eiserne Wille zum Wohlgefühl, wie er im Advent über uns Deutsche kommt.

Und was für Weihnachten gilt, gilt auch für die allermeisten anderen Feste, die in Deutschland jahrein, jahraus zu Tausenden stattfinden, für alle Sausen und Rummel, in der Regel Volksfeste genannt, über die sich sagen lässt, dass sie »das bedeutendste Angebotssegment im Bereich der inländischen Freizeit- und Tourismuswirtschaft darstellen«. So formuliert es eine Marktstudie mit Namen »Wirtschaftsfaktor Volksfest«, die das Bundeswirtschaftsministerium mit dem Deutschen Schaustellerbund erarbeiten ließ, und wer nur eine Minute lang nachdenkt, kann bald Dutzende öffentlicher Feiern aufzählen, auf denen er selbst schon einmal Besucher war, was kein Wunder ist: Nicht weniger als 14.000 Volksfeste finden in Deutschland statt, sie zählen 220 Millionen Besucher pro Jahr, jeder Deutsche feiert also mehrmals im Jahr öffentlich, und es werden vier Milliarden Euro Umsatz erwirtschaftet, ein gewaltiger Kosmos.

Er lässt denken an fantastischen Reichtum, an einen schönen Bilderbogen regionaler Besonderheiten, an einen Prunkzug landsmannschaftlicher Vielfalt durch die Jahreszeiten und entlang der religiösen und der weltlichen Feiertage. Und was die Traditionen und Wurzeln vieler deutscher Feste betrifft, so stimmt der Eindruck von Buntheit zweifellos. Ihre aktuellen Erscheinungsbilder aber sprechen dem in aller Regel Hohn. Imgrunde wiederholt sich, von wenigen Ausnahmen abgesehen, auf all den Winzer-, Kirschblüten-, Schützen-, Mittelalter-, Ritter- und Flößerfesten die immergleiche, austauschbare Tristesse, wie sie am Beispiel der Weihnachtsmärkte beschrieben wurde: Von der See bis zu den Alpen herrscht vollendete kulinarische Gleichschaltung, ein ewiges Einerlei, und egal, wo die Feier beginnt, auf der Cannstatter Wasen, auf dem Münchner Oktoberfest, auf der Frankfurter Dippemess, auf dem Hamburger Dom, auf dem Deutsch-Amerikanischen Volksfest in Berlin – die China-, Gyros- und Feuerpfannen sind immer schon da. Es ist ein Eindruck, wie wir ihn auf ähnliche Weise aus deutschen Fußgängerzonen kennen, egal in welcher Stadt: Immer und überall reihen sich dieselben Läden aneinander, die Filialen großer Ketten, nur spärlich durchsetzt mit tatsächlich einmaligen Einzelhändlern, die allein noch für echte Vielfalt sorgen.

So gibt das Angebot der Volksfeste und Jahrmärkte Hinweise auf den Zustand unserer Esskultur, und in ihm bildet sich wiederum klar ein Zivilisationsrückstand ab im Vergleich etwa zu Ländern wie der Schweiz, wie Spanien, Italien, Österreich, Frankreich. Natürlich sind auch sie – und ihre Feste – nicht unberührt geblieben von internationalen Einflüssen im Zeitalter der weltweiten Wanderungsbewegungen und des globalen Wirtschaftens. Auch sie sind längst zur Spielfläche einer multinationalen, auf wenige Trusts konzentrierten Lebensmittelindustrie geworden. Und doch haben sich ihre regionalen Besonderheiten, anders als in Deutschland, viel deutlicher behauptet. Unvorstellbar, dass ein Dorffest in Frankreich mit irgendwelchen Mexikopfannen aufwarten würde, undenkbar, dass in Italien anonymes »Feuerfleisch« ein Renner sein könnte.

Es gibt zwischen den deutschen Festen und denen unserer Nachbarn grob gesprochen einen entscheidenden Unterschied, der sich mit vielen Beispielen belegen ließe: Die Spanier feiern von jeher den Schinken, nicht den Metzger, die Franzosen feiern den Käse, nicht den Käser, die Italiener den Wein und nicht den Winzer. Wir Deutsche halten es in der Regel umgekehrt, uns gilt der zünftige Meister in Lederschürze mehr als sein Produkt, wir suchen nach Sozialprestige und nicht nach kulinarischem Genuss, und dadurch ändert sich dramatisch viel im Hinblick auf die angebotene Ware. Es geht, jeder kann es spüren auch ohne eigene Anschauung, um sehr gegensätzliche Konzepte, wenn in Braunschweig ein Schützenfest oder in Arcachon ein Austernfest gefeiert wird.

Es geht, bei deutschen Volksfesten, vorrangig um diffuse Gemeinschaftserlebnisse, bei denen sich das Essen auf die ausgiebige Sättigung in anonymer Masse reduziert. Gegessen wird vor allem, um ausgiebigem Trinken »eine gute Grundlage« zu geben, rar sind die Festlichkeiten – der Wein vielleicht eine Ausnahme –, die sozusagen zu Ehren des Essens selbst organisiert werden und in deren Verlauf folglich der Genuss und die Lebensfreude im Mittelpunkt stehen. In der Regel sind Genuss und Volksfest in Deutschland aber streng gegensätzlich Begriffe, höchstens sind die Rummelplätze der Ort für maß- und kriterienlose Völlerei, wo Süßes und Salziges in wilder Folge vertilgt werden, als fürchteten die Esser, dies könnte die letzte Gelegenheit zum großen, gemeinsamen Fressen sein.

Auf den Volksfesten auch lassen sich viele Argumente finden für die hier vertretene These, dass Deutschland in den Dingen des Essens eine scharfe Klassengesellschaft geblieben ist, wobei die Volksfeste ganz eindeutig als die Tummelplätze einer in kulinarischen Dingen verelendeten Unterklasse gelten müssen. Dies hat nichts mit sozialer Schichtung und wenig mit schulischen Bildungsgraden zu tun, es geht hier nicht um Armut, die sich an Kontostand oder Titeln bemisst. An der Bratwurstbude herrscht die sozial klassenlose Gesellschaft, einträchtig schlingen Kinderärzte und Werkzeugdreher, Arbeitslose und Banker Rostbratwurst und Kutscherpfanne in sich hinein. Zu beobachten ist nicht ein sozial definiertes, sondern ein esskulturelles Proletentum, das die eigentliche deutsche Leitkultur geworden ist und seinen Repräsentanten paradoxerweise höchste Prestigewerte beschert. Sympathiepunkte sammelt stets, wer, wie Bundeskanzler Gerhard Schröder, seine Liebe zur Currywurst bekennt; wer, wie Bundeskanzler Helmut Kohl, den Saumagen allen feineren Genüssen vorzieht. Geschmackliche Verfeinerung dagegen, dies wird hier noch ausführlicher erörtert werden, gilt in Deutschland immer als verdächtig, verkünstelt, snobistisch, suspekt.

Dagegen spricht nicht, dass auf der deutschen Kirmes mittlerweile Scampi-Spieß und Co. Einzug gehalten haben, im Gegenteil. Dieser Umstand belegt das Gesagte nur, und er sagt mehr über das gesunkene Niveau der Schalentiere als etwa über das höhere Niveau der Volksfeste. Schauen wir sie uns an, die einst so edlen Scampi: Aus dem Eis geholt, noch halbgefroren im schlechten Fett aus der Sprühflasche trocken gebraten, überzogen mit pampiger Knoblauchsoße aus dem 25-Liter-Eimer ist von der Aura des Luxus nicht viel übrig geblieben; und tatsächlich könnte man sagen, dass wir sie der Currywurst angeglichen haben, um sie überhaupt essbar zu machen. Denn solange sie wirklich selten, exotisch, teuer waren, wurden sie dem Beritt der Feinschmecker zugeschlagen, interessierten höchstens als Statusobjekt, aber wirklich auf dem Teller wollten sie nicht viele Esser haben. Nun, vom Ruch des Feinen befreit, sozusagen vom Sockel geholt und in schlechtem Sinne demokratisiert, ist dieser Bann gebrochen. Nur weil sie noch ein wenig teurer sind als Bratwürste, und weil sie sich einen Rest ihrer immateriellen Aura bewahrt haben, gelten sie noch als luxuriös. Und so dienen sie auf den Volksfesten vor allem der Maskerade des esskulturellen Proletentums. Die Scampiesser an der Bretterbude stellen einen stilistischen Vorsprung zur Schau, verbinden sich dadurch aber nur noch deutlicher mit dem Fressproletariat, über das sie sich erheben wollen.

So schlägt auf den Volksfesten die Stunde des kulturell kleinen Mannes, der beim Essen der Vielen auch immer die beruhigende Gewissheit sucht, Teil einer großen Gemeinschaft zu sein. Das ist in anderen Ländern nicht anders, nur feiern Italiener, Franzosen oder Spanier gleichzeitig auch immer die Qualität und die regionale Vielfalt ihres Essens. Diese Kultur und die dazugehörigen Traditionen kennt Deutschland nur in Ansätzen und mehr oder weniger nur in seinen südlichen Regionen. Die Folge ist, dass uns landauf, landab selbst auf Festen und an Feiertagen nur mehr vorgekocht wird, was wir auch sonst im Supermarkt aus dem Tiefkühlschrank ziehen. So lassen wir der Lebensmittelindustrie und ihren Satelliten selbst bei Festen und Feiern außerhalb des Alltags freie Hand, für unser Essen zu sorgen – und bestehen nur noch darauf, die passenden Kulissen auszusuchen, sei es in weihnachtlicher Ausführung, mit Kiefernzweigen oder, in der Winzervariante, mit Weinlaub.

Nun wäre dieses Kapitel noch vor wenigen Jahren genau an dieser Stelle zu Ende gewesen. Neuerdings aber bekommt die graue Landkarte deutscher Volksfeste und Märkte bunte Flecken, im Süden mehr als im Norden, im Westen mehr als im Osten. Regionale Initiativen für bessere Produkte regen sich, ökologisch wirtschaftende Landwirte, Bürgerinitiativen, Kochclubs, auch neue Organisationen wie »Slow Food«

oder »Foodwatch« entwickeln Aktivität in Sachen besseres Essen und versuchen, den fast vergessenen Reichtum deutscher Produkte hochleben zu lassen. Es gründet sich hier ein regionaler Käsemarkt, dort ein Brotfest, es locken »Festivals der Genüsse« und »Märkte des Geschmacks«, geladen wird zur Riesling-Gala oder zu Bio-Börsen, offenkundig macht sich in Deutschland eine Graswurzelbewegung für mehr Genuss und bessere Qualität auf den Weg, unterstützt von einer wachsenden Zahl dem Massenkonsum überdrüssiger Esser, und sie zünden in der großen Dunkelheit wenigstens kleine Lichter an.

Die entscheidende Neuerung dieser Bewegung liegt in der Rückwendung auf das Essen selbst, die möglich wird durch das Wiederanknüpfen an verschüttete oder gänzlich zerschnittene Kulturlinien. Denn wirklich fand sich in Deutschland die Provinz und alles »Provinzielle« bald nach dem Zweiten Weltkrieg und, schärfer noch, nach der Studentenrevolte von 1968 als heillos rückständig, wo nicht reaktionär denunziert. Landsmannschaftliche Traditionen, regionales Brauchtum, um viele Jahrhunderte älter als die Nazi-Diktatur, wurden gleichwohl mit deren »völkischen« Konzepten in Verbindung gebracht und pauschal als antimodern und gefährlich rückwärtsgewandt abgeurteilt. So setzt an dieser Stelle, nach der Jahrtausendwende, eine begrüßenswerte Entspannung ein, eine Entideologisierung, die es wieder möglich macht, ein schlichtes Apfelblüten- oder Erntefest ohne den Zwang zu ideologischer Rechtfertigung, am Ende: einfach aus der Freude am Feiern, zu begehen. Natürlich: Deutsche Feste werden noch lange kontaminiert bleiben von der Instrumentalisierung, die die Nazis mit ihnen betrieben. Andererseits aber scheint die Zeit reif, eben diese missbrauchten Traditionen in die heutige Lebenswelt zurückzuholen, gegen die Nazis sozusagen, wodurch nicht nur der Sache des Essens viel geholfen wäre.

Wenn die Parole der Globalisierungskritiker: »Food is local« stimmt – und alles spricht dafür –, dann sind wir in Zukunft mehr denn je auf unsere Dörfer und diversen Provinzen angewiesen. Aus ihren Traditionen und Bräuchen wächst unserem Essen von jeher der Wert zu, der ihm gebührt. Nicht umsonst ernten häufig die ältesten Weingüter den besten Wein, nicht umsonst kommt das beste Fleisch häufig von Kleinbauern, die ihre Betriebe in langer Kette von Generation zu Generation weitervererben konnten. Denn es entsteht in solchen Zeitreihen durch Überlieferung und kollektive Erfahrung eine Form von Wissen, die wissenschaftlich kaum aufzuschlüsseln ist und die sich am Ende schlicht: Kultur nennt. Sie zu feiern und hochleben zu lassen, bei Volksfesten, die den Namen wieder verdienen, wäre ein schöner Vorsatz.

Fernsehbuffets, Kochduelle und alfredissimo

TV-Köche: Eine erste Annäherung an das verfeinerte Essen, seine öffentliche Zurschaustellung in Luxuskaufhäusern und zu höchst verräterischen Sendezeiten

Kurz vor Sonnenaufgang, wenn der Himmel manchmal grünlich schimmert über dem Berliner Wittenbergplatz und eben die letzten Lastwagen aus Rotterdam, Paris, Mailand, München und Mecklenburg ihre Fracht in den neongrellen Schlund des KaDeWe einspeisen, öffnen sich die zerschrammten Türen des Lastenaufzugs im siebten Stock des Kaufhauses in eine fieberhaft aktive Märchenwelt. Abteilung 192 des Hauses befindet sich inmitten der Schlacht, die Angestellten sagen »Stadtküche« dazu, es sind 170 Köche und Konditoren, die hier oben, eine Etage über der berühmten Lebensmittelabteilung, in einem gekachelten Sperrbezirk eine der größten Küchen Deutschlands anzetteln.

Küche, Konditorei, kleine Wörter sind das, eigentlich tanzt unter dem Dach des KaDeWe eine ganze verbotene Stadt, ein kulinarischer Tempelbezirk, gebaut aus verwinkelten Fluren, die zu Sälen führen, in denen dicht an dicht die Gasherde stehen unter gewaltigen Abzugshauben in einem Wald von Instrumenten, Flure, die sich hinter Schwingtüren zu Hallen weiten mit Backöfen und Knetmaschinen und Gärschränken, Flure, die an wundersame Zimmer stoßen voller Fisch, voller Wein, voller Kuchen, Milch und Sahne, Kachelflure, die zu 20-Tonnen-Silos führen voller Mehl, zu Geschirrlagern und Geschirrwaschstraßen, Gläserkammern, Warenschleusen, in denen bretonische Hummer anthrazitschwarz in Styroporkisten ihre letzten langsamen Tänze aufführen, ehe sie errötend sterben im Sud.

Früher Morgen an einem normalen Werktag in der Küche des KaDeWe, auf industriegrau geriffeltem Boden ist die Bühne bereitet, es sind jetzt zweihundert Hände gleichzeitig in Aktion, um die tausend kleinen Gänge eines tausendfach erstaunlichen Buffets zu bereiten. Hände, die Leberfarce aus Spritztüten auf Rehmedaillons tupfen, Stremel-Lachs in Scheibchen schneiden, kubanische Langustenschwänze aus kesselgroßen Töpfen hieven, irische Bullenlenden zerlegen, vier Dutzend neuseeländische Lammrücken braten, achtzig, neunzig Barbarie-Enten würzen, Rebhühner mit Speck bardieren, Bresse-Hühner in Schweinenetze wickeln, Broccoli zerzupfen, Brot würfeln, Sellerie stifteln, Karotten schreddern, Petersilie schütteln.

Die Luft zerlegt sich in Gerüche hier oben, der kitzelnde Reiz bratenden Fleischs übertönt den blumigen Geruch von Suppen, das mineralische Duften von rohem Fisch vermischt sich mit säuerlichen Brisen von Beeren und Essig, vermischt sich mit dem herb-medizinischen Ton von Kräutern, mit scharfem Ölrauch und der fettigen Süße bräunender Butter. Wie im Großraumbüro stehen Damen und Herren in parallelen Reihen über breite Arbeitstische gebeugt, weiße Zweireiher, blau-weiße Pepita-Hosen, klobige Kochschuhe, wippende Mützen, und sie pochieren Birnen, filetieren Mandarinen, glasieren Himbeeren, karamellisieren Äpfel, häuten Matjes, putzen Steinpilze, tranchieren Truthähne, zerkleinern Schweinelenden, zerlegen Tunfische, vier Zentner große Tiere, sie pudern Zucker über Kiwitörtchen, tunken Eclairs in Schokolade, schlagen 200 Eier in blitzende Rührkessel, entfädeln Bohnen, knacken Erbsschoten, reißen Ruccola, schälen Ingwer, bürsten Pfifferlinge, schlitzen Vanille, und dort, die Tomaten aus Flandern, werden gerade Salat.

Im großen Saal spielt über Gasfeuern Musik vom Ende der Welt. Donnerschläge von fassgroßen Töpfen, Blechdeckel dröhnen wie verstimmte Pauken, grillendes Fleisch zischt fauchend dazwischen, gesalzenes Gemüse reibt matt über Marmorplatten, hackende Messer durchschneiden Gespräche, es blubbern Soßen und Fonds, Gelatinen, Kuvertüren. Topf auf Topf, Teller auf Metall, Messer auf Stein, Hämmer aus Holz, das knackende Krachen, wenn ein Hummer »aufgeschlagen«, das heißt mit gewaltiger Klinge halbiert wird. Die Schaumkellen hier oben sind wie Tennisschläger so groß, die Schneebesen wie Morgensterne so gewaltig, die Löffel sind Schaufeln, und alles Gerät lässt die Köche hier aussehen wie dienende Zwerge in der Kantine von Märchenland. Sie bestücken hier oben die 33 »Verzehrstände« der Fressetage, es ist ein blühendes Paradox, sie produzieren Edles in Massen, schaffen Erlesenes im Akkord, Kaufhausware, aber nach höchsten Restaurantkriterien, und das ist noch nicht alles; gleichzeitig rüsten sie Buffets des Staates und der Industrie, sie bestücken abendliche Feste im eigenen Haus, aber auch kleine Stehempfänge für den 75.

Geburtstag von Dr. Sowieso in Berlin-Zehlendorf. Bis zu 10.000 Leute angeblich können komplett mit Feinkost samt Tellern, Gläsern und Mokkalöffeln versorgt werden. Dann geht die Schlittenfahrt hier oben so richtig ab.

Angefangen hat alles bescheiden, verglichen mit heute wie ein rührender Witz. Eine »Französische Woche« ließ sich das KaDeWe einfallen vor fast 30 Jahren, eine Kleinigkeit verglichen mit dem heutigen Betrieb, damals gab es im Haus noch keine 33 »Verzehrstände« in der sechsten, der berühmten Fressetage, damals gab es höchstens sechs Köche, und sie servierten einer kleinen Schar deutscher Kenner, was Périgord, Burgund und Bretagne so hergaben. Auf diesen Anfängen wuchs das KaDeWe bald als ein Leuchtturm aus der allgemeinen deutschen kulinarischen Ödnis hervor. Berlin-Touristen lernten nicht mehr länger nur Mauer und Brandenburger Tor kennen, sie pilgerten bald zum Wittenbergplatz, um in der Fleischabteilung das Farbenspiel besten Rindfleischs zu studieren, meterlange Schränke voller Nudeln zu bestaunen und in der Fischabteilung die Tierwelt des Meeres zu begaffen oder gleich tollkühn, zu einem Glas Muscadet, ihre ersten Austern hinunterzuwürgen.

Mittlerweile macht die Fressetage Umsätze, die sich nur in langen Ziffern ausdrücken lassen. Jeden Tag besuchen 80.000 Leute im Durchschnitt das Kaufhaus, vor allem wegen seiner sechsten Etage, es waren auch schon 180.000 da, jedes Jahr gehen über eine halbe Million Austern über die Tresen, es wird mit 200.000 Glas Sekt und 120.000 Glas Champagner nachgespült, und es gibt 33.000 Artikel der ausgesuchtesten Ware, eingeflogen aus Paris, aus Mailand, aus Madrid, Ware, die es in Deutschland lange Zeit überhaupt nicht gab, aus 200 Ländern der Welt kommen die Produkte, es gibt exotische Nüsse, gepflückt von seltenen Sträuchern, spanische Schweine, gemästet mit Eicheln, Lachse, geräuchert auf entlegenen Höhenkämmen der Alpen, dazu Ossietra, Sevruga, Beluga, sprich: Kaviar aus dem Iran, es gibt 400 Sorten Brot, 1300 Sorten Käse, 2400 Weine, 1200 Würste, Schinken, Pasteten, 33.000 Artikel, das ist das Vier- bis Fünffache dessen, was ein ordinärer Supermarkt führt, und dabei ist die Etage sechs mit 7000 Quadratmetern glatt um ein Drittel größer als der globale Nebenbuhler Harrod's in Knightsbridge, London.

Kein Kaufhaus, eher eine Institution, und wenn die Küche droben Volllast fährt, wenn die 100 Köche der Frühschicht Schaltiere knacken, Hirschkeulen schneiden, Papageienfische pochieren, Straußensteaks grillen, Ananas pürieren, ganze Lachse in Gelee gießen, dann sagt der Chefkoch auch gern »Irrenhaus« dazu. Das KaDeWe, Etagen sechs und sieben, mit ihrer Kombination aus weltweitem Warenangebot, marktfrischer Küche und Direktverkostung ist einer der Orte in Deutschland, an denen der Genuss öffentlich wurde, an denen Köche ihr Handwerk öffentlich aufführten. Wer durch die Fressetage schlendert, kann Köchen jeder Art bei ihrem Handwerk zusehen. Hier – rollt ein Sushi-Meister Reis und Fisch in Algenblätter, dort – knackt ein Fischkoch Austern auf, hinter den Ständen wird gebraten, flambiert, gegrillt, sautiert, gratiniert, geschöpft, geschnitten – und so hat das KaDeWe großen Anteil daran, dass das Kochen, das Kochhandwerk, das verfeinerte Essen und seine spektakuläre Zubereitung ins Gesichtsfeld der Öffentlichkeit rückte. Im KaDeWe wurde das Kochen und Genießen öffentlich, wie auf einem Jahrmarkt, auf vielen kleinen Bühnen, und die Konsumenten konnten und können diese Vielfalt bei freiem Eintritt wie in einem spektakulären Museum bewundern oder sich gleich einverleiben.

Viel ist in dieser Hinsicht geschehen, seit das KaDeWe, man würde heute von einem »Happening« reden, mit der »Französischen Woche« das feine Essen erstmals für alle ausstellte und zugänglich machte. Längst steht das Berliner Kaufhaus nicht mehr allein mit dem Anspruch, beste Ware käuflich zu machen und spektakulär auszustellen, längst sind die Köche auch andernorts unters Volk gegangen und zelebrieren ihre Künste vor einer stets wachsenden (aber immer noch kleinen) Schicht verfeinerter Esser. Große Küchenhersteller laden zum Schaukochen mit den Meistern in edle Designerläden, Industriebetriebe, die auf sich halten, inszenieren Food-Ereignisse für ihre Belegschaften, in Zirkuszelten wird auf Marktplätzen gegrillt und gebraten und diniert, während Streichquartette Schubert spielen oder Clowns und Jongleure um die Tische streichen. Die Angelegenheiten des Essens und Kochens, einstmals höchst private, familiäre, fast intime Vorgänge, sind seit so kleinen Anfängen wie der »Französischen Woche« im KaDeWe vor 30 Jahren in ungeheurem Ausmaß öffentlich geworden, und öffentlich heißt heutzutage: medienöffentlich.

Aus den Fernsehern raucht und dampft es tagtäglich, Johann Lafer brät und rührt dreimal die Woche auf drei verschiedenen Kanälen, Vincent Klink hackt öffentlich Schalotten zur Mittagszeit in der ARD, dazu zelebriert er seine »Kochkunst« mittwochs und samstags regional in Baden-Württemberg und Rheinland-Pfalz, Biolek kocht mit prominenter Unterstützung freitags im Ersten, danach geht »alfredissimo« auf Tingeltour, kommt samstags in WDR und ORB, sonntags in Hessen, montags in NDR und MDR, donnerstags im Südwesten, freitags in Berlin, in Bayern kocht Alfons Schubeck an den Sonntagen aus seinen eben aktuellen Kochbüchern vor, im WDR schauen seit 15 Jahren die Pioniere Martina Meuth und Bernd »Moritz« Neuner-Duttenhofer aus der Röhre, im MDR kochen »Rubin und Schlegel«, eine Ärztin und ein Sternekoch, Kathrin Rüegg und Werner O. Feißt erzählen alle zwei Wochen im Südwesten »Was die Großmutter noch wusste«, auf Pro 7 kocht täglich der Berliner Jungstar »Zacherl«, im NDR kocht Rainer Sass, das RBB-Fernsehen lädt ein zur »Schlemmerreise«, der HR sendet »Hessen à la carte«, in der Nordschiene wird die WDR-Produktion »Rhein kulinarisch« wiederholt, Arte geht auf Europa-Tour »Zu Tisch in ...«, und kein deutscher Werktag wäre perfekt ohne Britta von Lojewskis »Kochduell« auf Vox, längst weit über 1000 Sendungen, längst »Kult«, in der immer Zutaten für 10 Euro in immer gehetzten 15 Minuten zu teils abenteuerlichen Drei-Gänge-Menüs verhackstückt werden. Kochen und Essen hat, gemessen an seiner Medienpräsenz, Konjunktur.

Und es sind dies nur die wiederkehrenden Termine. Das Fernsehprogramm findet sich in Wahrheit noch weit stärker durchsetzt mit Kochen, Essen, Genuss und »Wellness«. Magazinsendungen zur Mittagszeit und am frühen Abend stellen Köche und Produkte vor, beten den »Saisonkalender« her oder verschenken Rezeptideen. Einzelreportagen bestücken das TV-Angebot, erzählen vom Mythos Calvados oder vom Leben der Trüffelschweine im Périgord, von Havelzandern, Olivenölen, Weinen. Gemessen an seiner Fernsehpräsenz ist Essen und Kochen eine erstrangige Beschäftigung in Deutschland, ein Volkssport, nur noch dem Urlaub vergleichbar – aber so urteilen hieße, die vielen Fernsehbilder grundfalsch zu interpretieren.

Es genügt ein Blick auf die Sendezeiten, um zu bemerken, dass etwas faul sein muss am Bild des großen Kochens. Die TV-Köche treten in der Regel just zu der Zeit auf, in der die Zuschauer, so sie denn Köche wären, eigentlich in der Küche stehen müssten. 11 Uhr morgens, 18 Uhr am frühen Abend, wer zu diesen Uhrzeiten fernsieht, kocht mutmaßlich nicht, es sei denn, er stürzt sich nach dem »Kochduell« auf Vox selbst in einen Kampf gegen die Stoppuhr. Aber es braucht keine Mutmaßungen an dieser Stelle: Es ist bereits beschrieben worden, wie wir immer weniger Zeit für unser Essen aufwenden, wie das Kochen aus unserem Alltag verdrängt wird. Alle Statistiken belegen klar, dass im Laufe der Nachkriegsjahrzehnte immer weniger gekocht wurde, bis wir für die Zubereitung unserer Speisen heute im Tagesverlauf nur noch wenige Minuten aufwenden, um dann alle drei Mahlzeiten in einer guten halben Stunde hinter uns zu bringen, als wären wir auf der Flucht. Dass nun immer mehr Köche auf dem Bildschirm erscheinen, legt die Vermutung nahe: Die Kochsendungen im Fernsehen fördern das Kochen offenkundig nicht – sie ersetzen es.

Die Köche unterscheiden sich dabei durchaus und bedienen unterschiedliche »Zielgruppen«. Biolek tritt nicht als perfekter Handwerker auf, sondern als eine Lifestyle-Ikone des Zivilisierten und zugleich als eine Art nationaler Herbergsvater oder WG-Ältester; Klink gibt den bulligen, bodenständigen Kritiker, den bekennenden Provinzler, den David gegen den Goliath Industrie; Schubeck inszeniert sich als Handwerksmeister, wirft stark bayrisch gefärbt mit den Begrifflichkeiten der Hochküche um sich, sagt zu Semmelbröseln »Mie de Pain« und zu gehacktem Suppengemüse »Mirepoix«, Lafer suggeriert, immer feixend, dass, solange nur er am Herd steht, doch noch alles gut werden könnte, und Britta von Lojewski spielt im »Kochduell« nicht Schiedsrichterin, sondern die jovial-dröhnende Animateurin, wie sie sich Manager von All-inclusive-Urlaubsclubs erträumen. Aber so unterschiedlich sie alle sein mögen – ihre Sendungen spielen alle auf derselben Klaviatur der Zuschauergefühle, und sie haben dabei, so verrückt das klingt, mit Kochen oder Essen eigentlich nur am Rande zu tun.

Es ist ein Effekt, den der Fernsehzuschauer auch aus anderen Lebensbereichen kennt. In den vergangenen Jahren feierten eigenartige Genres größte Erfolge: Nonnen und Pfarrer stiegen zu Rollenstars auf, der gute Doktor vom Land, der stille Förster, der Polizist als kumpelhafter »Schutzmann« aus dem Kiez. Leicht zu erkennen, dass hier die Nostalgie den Erfolg begründet hat. Die Nonne, der Pfarrer, der Förster – sie zählen schon lange nicht mehr zum Personal unseres gesellschaftlichen Lebens, im Gegenteil, sie sind aus ihm so gut wie gänzlich verschwunden, und nun kehren sie, als verschmitzte Karikaturen, die eine gute alte Zeit beschwören, fiktiv ins Leben zurück. Nach den Bau- und Moralprinzipien des Groschenromans werden um sie herum heitere Geschichten gestrickt, die Figuren von gestern bewähren sich gegen die Zumutungen des Heute, und spätestens nach einer Stunde finden ihre verschlungenen Wege vorläufig zu einem guten Ende.

Was für Förster und Nonnen gilt, erreicht nun die Köche und das Essen: Sie werden, gewissermaßen, museal. Je kleiner ihre Rolle in unserem wirklichen Alltag, desto größer und schöner finden sie sich ausgestellt in den leuchtenden Studioküchen, vom Zuschauer allgemein bewundert, nostalgisch verehrt – aber eben dadurch auch zur Rarität gestempelt. Keinesfalls sind die vielen Sendeplätze Ausdruck einer allgemeinen Lust der Zuschauer am Kochen, die sich in tatsächlicher Aktion am Herd erweisen würde. Im Gegenteil, anzunehmen ist, dass wegen Biolek, Schubeck oder Johann Lafer kein einziges Gericht zusätzlich gekocht wird. Lafer selbst, König auf seiner »Stromburg« und Kaiser der kochenden Selbstvermarkter, sagte einst im Zeitungsinterview, er bekomme nach seinen Sendungen so gut wie »null« Rezeptanfragen. Die Leute, so Lafer, wollten seine Kreationen offenkundig gar nicht nachkochen, sie wollten sich, »in schöner Atmosphäre« entspannen.

Es ist die Entspannung, die der Zuschauer von Sportübertragungen kennt. Weit davon entfernt, den übermenschlichen körperlichen Leistungen von Leichtathleten oder Fußballspielern nacheifern zu können, wird der Fernsehsessel zur Loge wie in einem Zirkus. Der Zuschauer verfolgt aus sicherem Abstand diese Art Glanznummern, bangt mit seinen Repräsentanten und Identifikationsfiguren und zieht am Ende tiefe Befriedigung schon allein aus dem Abglanz, den er von der Erfüllung und Erschöpfung hat, die nur die Sportler noch am eigenen Leibe erfahren. Nicht viel anders funktioniert das TV-Kochen. Man delektiert sich am Treiben der Profi-Köche, bewundert ihre Meisterschaft, ohne freilich auf die Idee zu verfallen, ihrem Beispiel nachzueifern. Die Welt des Kochens ist dafür dem Alltag in Wahrheit viel zu weit entrückt. Es ist einer anderen, quasifiktiven Sphäre zugehörig, die wir nurmehr aus der Ferne bewundern.

Aber es kommt, beim öffentlichen Kochen, noch vieles an emotionalem Tiefgang hinzu. Wenn es stimmt, dass sich Essen in unserer Gefühlswelt noch immer mit kochenden Müttern, auch mit Heimat verbindet, dann besetzen die Kochsendungen heute ebendiese emotionale Lücke. Denn wirklich sehen ja auch Menschen zu, die in ihrem Leben noch nie einen Topf in der Hand hatten, geschweige denn ahnten, wie ein »Thymianjus« zum Lamm herzustellen wäre. Ihnen dürften mithin die vorgekochten Rezepte völlig gleichgültig sein, und auch handwerkliche Tricks werden sie wenig interessieren. Dass sie trotzdem nicht umschalten, kann nur daran liegen, dass die Kochshows mit Gefühlen handeln, die in der realen Welt nicht mehr zu haben sind, aber sehr wohl »nachgefragt« werden: Da ist der schöne Respekt vor den Nahrungsmitteln, den Köche an den Tag legen, ihre würdige Behandlung von Fischen, Gemüse und Fleisch. Da ist das liebevoll Spielerische, das in den Rezeptideen des Kochs auflebt, seine Hingabe auch an ein ehrwürdiges Handwerk. Vor allem aber ziehen mit den Bildern im Fernseher Szenen einer verklärten Welt herauf, bevölkert von Großmüttern, die in heißen Küchen Rosinenmännchen für die Enkel backen, von fürsorglichen Eltern, von heiler Familie mit geregelten Esszeiten, von Speisekammern, in denen beruhigender Vorrat angelegt ist – es sind Szenen einer versunkenen Welt, die viele Zuschauer heutzutage in realiter mutmaßlich nie erleben durften, sondern nur vom Hörensagen und also als diffusen Gefühlswert kennen.

Die Koch-Shows laden mithin nicht wirklich zum Essen ein, sondern vor allem zur Flucht aus der realen Welt heutiger Ernährung. Die alltägliche Überforderung der Esser angesichts eines überbordenden Angebots an Nahrungsmitteln und Ernährungsmoden, dazu die aus kultureller Entleerung erwachsende Ratlosigkeit über mögliche Zubereitungen oder nötige Koch- und Kulturtechniken werden für eine halbe oder eine ganze Fernsehstunde lang ausgesetzt. Der Fernsehkoch übernimmt als Stellvertreter die Verantwortung, die wir nicht mehr tragen wollen oder können. Er findet, anders als wir, kundig und sicher seinen Weg durch das Labyrinth, er weiß, im Gegensatz zu uns, was dem Magen und der Seele guttut. Er macht uns, anders gesagt, wieder zu Kindern, die das wohlige Gefühl genießen, von einer fürsorglichen Mutter versorgt zu werden. Und wenn die vorgekochten Speisen am Ende der Sendezeit an schön gedeckten Tischen gemeinsam mit Gästen gegessen werden, fühlen wir uns überdies noch eingeladen zu einer virtuellen Hausgemeinschaft, die wir in den eigenen vier Wänden vergeblich zu organisieren versuchen.

Fernsehköche bieten also einen Fluchtweg vor den Zumutungen des »Snack around the clock« und des »Eating on the Run«. Ihre Shows werden in einer Gesellschaft der kulinarischen Analphabeten zum Surrogat, zum substanzlosen Ersatz für entschwundene Freuden und nicht mehr befriedigte Bedürfnisse. Sie sind, anders gesagt, der Bild gewordene Phantomschmerz einer Gesellschaft, die sich eben des Untergangs einer ganzen Kultur bewusst wird. Die Botschaft lautet: Das, was im Fernsehen zu sehen ist, gibt es bald nicht mehr oder es ist bereits erledigt. Das, was du hier sehen kannst, wirst du nirgendwo sonst vorgesetzt bekommen. So bauen die TV-Sender an einem imaginären Museum der Kochkunst und der Esskultur – und befriedigen nebenher die Sehnsucht nach einer heileren Welt als der, in der wir uns zu leben gezwungen fühlen.

Gute, belastbare Verdrängungskünstler, die wir sind, verstellen wir uns den Blick auf solche Befunde mit immer neuen Fiktionen von Reichtum. Zu den neueren gehört, dass das Internet mittlerweile schier endlose »Rezeptdatenbanken« verfügbar macht und damit eigentlich eine tausendfältige Fülle verheißt, die es in diesem Ausmaß zu keiner Zeit gab. Dumm nur, dass sie beunruhigend ins Leere läuft, weil wir uns insgeheim doch weiterhin nach einer Welt sehnen, in der die Geheimnisse des Genießens in der fleckigen Rezeptkladde einer Urgroßmutter aufgehoben wären. Kein virtuelles Mega-Kochbuch, kein Newsletter-Dienst, kein Rezeptservice per SMS, keine Koch-Show wird uns so schnell von solchen Träumen heilen. Der Reichtum der Optionen bleibt ein vermeintlicher. Und er wird immer mehr ein virtueller: Nicht mehr lange, dann werden die Fassaden unseres potemkinschen Dorfes alle 15 bis 17 Zoll groß sein, exakt so wie ein Computerbildschirm. Wir kochen dann Rezepte nicht mehr; wir klicken sie nur noch an.

Was können wir noch essen?

Menüvorschläge für ein gelingendes Leben

Bresse-Hühner, Salzlämmer und Blattgold-Risotto

Feinschmecker: Eine Verteidigung der Verfeinerung gegen ihre Feinde und eine Erklärung, warum die Deutschen gutes Essen nicht genießen können

Es ist ein leichtes Mittagsmenü im Frühsommer, als »amuse bouche« kommen winzige Tintenfische auf einem Bett aus mediterran gewürztem Gemüse, das Entrée ist ein Fischgang, in dem sich Flusskrebse, Hummer, Schwertfischstücke schön verbinden, es folgt ein Stück Nantaiser Ente auf Spitzkohl, dazu gibt es mit Gänsestopfleber gefüllte Ravioli, dann Käse in beglückender Vielfalt, zu allen Gängen eigens gebackenes Brot, dann einen Topfenknödel mit Nougatkern auf Rhabarberkompott, dann starken Kaffee mit erlesenen Zuckersorten, dazu zierliche Pralinen auf Etageren, dann die Rechnung, dann tritt man hinaus auf die Straße, München, Johann-Fichte-, Ecke Berliner Straße, gegenüber ein Polizeirevier, in der Nachbarschaft eine Billigtankstelle, ein Wohnsilo, ein »Metro«-Supermarkt, und wendet man sich noch einmal um, meint man, die Zwei-Sterne-Küche von Hans Haas nur geträumt zu haben, denn hinter einem liegt ein Betonding wie ein evangelisches Jugendzentrum aus den siebziger Jahren. Aber es ist ein Restaurant, und nicht irgendeines, historisch betrachtet das vermutlich wichtigste in ganz Deutschland: das »Tantris«.

Im Innern eine Symphonie aus Braun und Orange, Teppich an allen Wänden, selbst an der Decke, vor den Fenstern orange-braun gestreifte Vorhänge, die Lampen sind aus weit verästeltem schwarzem Stahlrohr, es rieselt Jazz-Musik, und auf einer Art Fries über den Köpfen steht Silber auf Blutrot ein Stakkato von Begriffen in Großbuchstaben, die von »Affendurst« reden, von »Liebeshunger, Bärenhunger«, von »lukullisch, barbarisch, dionysisch«, von »fröhlich, freudig, feurig«, sie reden, anders gesagt, vom Schick und der Kühnheit alter Tage, als in Deutschland die sexuelle Befreiung noch frisch und der Unterschied zwischen Foie gras und Leberwurst gänzlich unbekannt war. Der Bauunternehmer Fritz Eichbauer stellte sich diesen Tempel hin, 1971 war das, Eichbauer war ein weit gereister, erfahrener Esser, aber nun wollte er, so ist überliefert, endlich auch daheim in München »ordentlich essen«.

Der erste Koch, der Eichbauers Geld ausgeben durfte, war ein junger, unbekannter Österreicher namens Witzigmann, der sich bald zwei Michelin-Sterne erkochte, insgesamt aber acht lange Jahre schuften musste, bis er als erster Koch in Deutschland des dritten Sterns für würdig erachtet wurde. 1979, das Jahr einer Zeitenwende: Denn mit Witzigmanns Aufstieg in den Olymp der Kulinarik gelang auch Deutschland sozusagen die Wiederaufnahme in die Liga der großen Kulturnationen, und für alle Eingeweihten und Neugierigen begann in jenen Jahren sowohl in Sachen Restaurantkultur als auch in Sachen Essen überhaupt, wirklich eine neue Zeit.

Wolfram Siebeck, Deutschlands berühmtester Publizist in Sachen Kochen und Essen, der Reich-Ranicki der Teller und Töpfe gewissermaßen, hat die deutsche Nachkriegsgeschichte in die Zeit »vor« und »nach« Witzigmann eingeteilt. Man ersieht daraus, welch enorme Bedeutung dieser Koch als Symbolfigur und das »Tantris« als seine erste Wirkungsstätte haben. Sehnsüchtige Genießer aus ganz Deutschland folgten dem zwingendsten aller Ratschläge des »Guide Michelin«, der im Fall einer Drei-Sterne-Küche schlicht lautet: »eine Reise wert« – und nach gehabtem Menü bei Witzigmann, dem deutschen König der Köche, wussten sie, was sie all die Jahrzehnte in deutschnationaler Provinz entbehrt hatten: Bresse-Hühner, Tauben, Coq au Riesling, Tranchen vom Limousinrind, Karrees von Salzlämmern, Steinbutt, Jakobsmuscheln, gratinierte Austern, gewagte Soufflés und schaumige Süppchen, Kunstwerke aus edelsten Zutaten, Kalbsbries »Rumohr«, Kaviar, Gänsestopfleber, erwürgte Enten, Käse: Hunderte Sorten mit unaussprechlichen Namen, und Desserts aus exotischen oder heimischen Waldfrüchten, eingebacken in Teige leicht wie Schäfchenwolken.

Die Welt der Sterneküche ist eine heitere, hoch zivilisierte, international geschulte, der Zwang zu bloßer Sättigung liegt ihr fern wie die Sorge um den Ratenkredit. Sie ist teuer, und wie. Aber wer annimmt, die Preise entsprängen der Fantasie oder der Gier der Köche, irrt. Die Zutaten sind von so ausgesuchter Qualität und oft von solcher Seltenheit, dass der Markt die Preise für die Grundprodukte in astronomische Höhen treibt. Denn im Segment der luxuriösen Ernährung dächte niemand daran, wie dies immer in der Logik der konventionellen Agrar- und Lebensmittelindustrie liegt, etwa die Produzenten der Rohware zu billigerer Herstellung zu nötigen, nein: In dieser Verwertungskette gilt der Landwirt viel, der Fischer, der Züchter, der Pilzsammler, der Müller, der Metzger – es bleibt ihnen überlassen, nach welchen Verfahren und Traditionen sie ihr erstaunliches Qualitätsniveau erreichen und halten, und nur, wenn sie entsprechende Qualität liefern, erzielen sie auch entsprechende Preise.

Die Sterneküche verarbeitet Produkte, die es gemeinhin nicht zu kaufen gibt. Meist kennt der Koch seine Lieferanten persönlich, kennt ihre Betriebe, ihre Felder, ihre Weinberge, ihre Fangboote, ihren Einsatz, ihre Mühe. Und er weiß deshalb, warum ein zwölf Kilogramm schwerer Steinbutt, groß wie ein Kaffeetisch, ungeputzt und als Rohware 50 Euro pro Kilo kostet, weiß, warum der Einkaufspreis für eine perfekte Gänseleber bei 40, 50 Euro liegen muss, weiß, warum der Zander aus Osteuropa für 7, die geangelte Ware aus Kanada aber nur für 15, 16 Euro pro Kilo zu haben ist. Der Preis für Seezungen, und damit sind nicht die mickrigen Fischchen gemeint, die in gut sortierten »Nordsee«-Filialen auf dem Eis liegen, hat sich in den vergangenen zehn Jahren aufgrund heilloser Überfischung für die Spitzenköche auf 30 Euro pro Kilo glatt verdreifacht. Ein Kilogramm Kaviar in bester Qualität kostet heute, weil der Stör so rar geworden ist, schon für den Koch 1000 Euro. Ein Kilo schwarze Trüffeln aus dem Périgord kann, je nach Jahr, mit bis zu 1300 Euro oder noch mehr zu Buche schlagen – Einkaufspreis. Gewiss, es gibt mittlerweile auch Trüffel made in China, für

350 Euro das Kilo. Aber man muss nur flüchtig an ihnen riechen, um zu wissen, woher der Preisunterschied rührt.

Die Preise der Hochküche für den Restaurantbesucher bei Tisch, sagen wir: 58 Euro für eine schöne Portion Steinbutt à la carte, sind deshalb in Wirklichkeit gar nicht zu hoch; sie sind, bei Licht betrachtet, viel zu niedrig. Aber wer derlei in Deutschland sagt, wo das in Styroporschalen abgepackte Schweinefleisch im Supermarkt weniger als Katzenfutter kostet (und nach Meinung aller: kosten soll), muss sich lange erklären, um nicht für verrückt gehalten zu werden.

Es war immer so: Das perfekt verfeinerte Essen findet hierzulande in einem derart feindlichen Umfeld statt, dass es mit einem ständigen Zwang zur Rechtfertigung belegt ist. Von den Luxus- und Genusssuchern wird imgrunde ständig eine Entschuldigung eingefordert für ihre schamlos elitäre Völlerei angesichts von Massenarbeitslosigkeit, Hunger in der Welt oder des Fehlens von Kindergartenplätzen. So gehen sie ihren schmalen Trampelpfad abseits des Mainstreams von jeher verschämt, aber glücklicherweise unbeirrbar. Denn es ist der Pfad der Verfeinerung und der Zivilisation, und er beschreibt, wenn man so will, die fadendünne pontifikale Linie deutschen Essens neben dem breiten, proletarischen Strang der Massenverköstigung.

Mit diesem Begriffspaar klingt schon an, dass das Essen im sozialdemokratisierten Nachkriegs-Deutschland anders als in vielen unserer Nachbarländer immer ein Klassenphänomen geblieben ist. Unvergessen der hysterisch geführte Streit, den der damalige saarländische Ministerpräsident Oskar Lafontaine, ein Vorzeigelinker, auslöste, als er es wagte, einen Spitzenkoch auf die Gehaltsliste seiner Landesregierung zu setzen.

Eine fruchtlose und auch verlogene Neiddebatte rankt sich in Deutschland um das luxuriöse Essen. Verlogen, weil sich die Genießer in der Regel von Kritikern attackiert sehen, die sich auf ihre Weise selbst in Überfluss und Wohlstand eingerichtet haben, nur eben mit anderen Prioritäten. So findet es die überwältigende Mehrheit der Deutschen sinnvoll und richtig, sich für die Albernheiten heutiger »Unterhaltungselektronik« hoch zu verschulden. Nicht als Wahnsinn, sondern als vernünftige Haltung gilt es, immer die neuesten Autotypen fahren zu müssen, sich in Leasing-Verträgen das Geld zum Leben abzuschnüren oder das 40.000-Euro-Auto für den Rest des Lebens abzubezahlen. Aber 40.000 Euro – das wären glatt 200 schöne Diners zu zweit (à 200 Euro), oder es wären 1000 selbstgekochte Abendessen mit anständigen Grundprodukten für 40 Euro (ohne den Wein). Franzosen finden solche Rechnungen leicht nachvollziehbar; den allermeisten Deutschen gelten sie als geradezu pervers.

Die hohe Schule des Kochens, als sie denn endlich ins Land gelassen wurde, fand sich folgerichtig von Beginn an denunziert, unter »Ideologieverdacht« gestellt und in den Ruch des Dekadenten, wo nicht Zynischen gebracht. »Nouvelle cuisine« wurde zum Schmähwort einer unkultivierten Debatte, die sich bald darauf reduzierte, das bessere Essen zur Spielerei von besserverdienenden Müßiggängern zu erklären und ansonsten in die Schublade: »kleine Teller, große Preise« zu stecken. Tatsächliche Exzesse, die es natürlich bis heute wirklich gab und gibt (der Blattgoldstaub etwa über einem Risotto im Hochzeitsmenü von Ex-Bundespräsident Walter Scheel), wurden freudig aufgegriffen und vom Boulevard zu neuen Ressentiments verdichtet, so dass sich nüchtern sagen lässt: Die große Küche, das meisterhafte Kochen, der Genuss und die Freude am Luxus haben in der deutschen Gesellschaft keine Basis (was sich im Übrigen noch einmal grell beleuchtet fand, als Eckhart Witzigmann der Hexenprozess gemacht wurde wegen des Besitzes von einem Gramm Kokain). Das ist die schlechte Nachricht. Die gute aber gibt es auch, und sie heißt: Die kleine Wagenburg der Gerne-Esser und Feinschmecker hat sich inmitten dieses feindlichen Klimas dennoch behauptet.

Denn seit den Anfängen im Münchner »Tantris« ist schier Unglaubliches geschehen. Der »Guide Michelin«, nach wie vor die entscheidende Referenz in diesen Dingen, listet in seinen Deutschland-Ausgaben seit Jahren um die 150 Ein-Sterne-Restaurants in allen Teilen des Landes auf (»verdient Ihre besondere Beachtung«, in der Ausgabe 2004 gilt das für 173 Lokale), dazu ein gutes Dutzend Häuser mit zwei Sternen (»verdient einen Umweg«), und eine Handvoll immerhin darf sich mit drei Sternen schmücken (»eine Reise wert«). Es ist dies, in nur 30 Jahren, ein enormer Aufschwung, eine glückliche Entwicklung, denn sie erzählt davon, dass die Freude am Essen, die Freude am Luxus auch in Deutschland, trotz allem, ihre Refugien hat. Sie erzählt auch davon, dass Köche Wirkung entfalten weit über ihr eigenes Restaurant hinaus. Meisterküchen wie die Witzigmanns werden zu Keimzellen von Bewegungen, sie begründen Schulen und bringen Schüler hervor, die wiederum zu Meistern werden, weil sie auf weiteren Stationen ihrer lebenslangen Ausbildung hier als Sous-Chef arbeiten, da als Soßenköche, dort als Pastetenbäcker, bald als Küchenchefs, ehe sie irgendwann selbst den Sprung ins eigene Restaurant wagen oder an den Herd einer großen Hotelküche berufen werden. Tatsächlich kann man sagen, dass viele deutsche Spitzenköche früher oder später mit Witzigmann oder dessen unmittelbaren Schülern zu tun hatten.

Unter den Eingeweihten machten sie sich auch abseits des Fernsehschirms mit fortgesetzten Spitzenleistungen Namen, Heinz Winkler etwa, Dieter Müller, Harald Wohlfahrt, sie sind als Drei-Sterne-Köche einer stattlichen Gemeinde von Genießern bekannt, deren Mitglieder in der Regel nie das nötige Geld haben werden, um diese Großen des Herds zu besuchen, aber viele tun es dennoch, planen auf Urlaubsreisen meilenweite Abstecher ein für ein solches Fest des Essens, oder sie gehorchen gleich dem Michelin und widmen den Spitzenrestaurants die ganze Reise. Dann geht die Fahrt nach Aschau oder nach Baiersbronn, nach Bergisch-Gladbach oder Dreis oder Düsseldorf, wo die edelsten Lustschlösser des guten Geschmacks ihre Pforten öffnen.

Schwer zu sagen, wie solche Prozesse der Verfeinerung, von praktisch null auf über 150 Ein-Sterne-Restaurants, in einer vielköpfigen Gesellschaft wie der deutschen vonstatten gehen. Offenkundig musste erst, gesamtgesellschaftlich, ein gewisses Wohlstandsniveau erreicht sein, ehe sich eine kritische Masse von verfeinerten Essern bilden konnte, die dann ambitionierten Köchen ein Auskommen bescherte.

Gewiss spielen die Medien eine große Rolle, das Fernsehen, die Zeitschriften. Sie machen, sind Not und Mangel einmal überwunden, Köche und Küchen bekannt, zusätzlich verbreitet sich die Kunde von besonders erstaunlichen Köstlichkeiten wie unter der Hand, von Mund zu Mund, und Moden entstehen schnell, weil offenkundig viele Multiplikatoren ähnlich »ticken« und relativ gleichzeitig auf gleiche Ideen und Gelüste verfallen. Im Falle des Essens waren in Deutschland, und das heißt hier: in Europa, auch rein technische Faktoren von großer Bedeutung. Die Verteilungswege, die Infrastruktur wollten erst aufgebaut sein, denn es nützte dem Münchner die längste Zeit der schönste Wolfsbarsch aus dem Atlantik nichts, wenn er ihn nicht frisch bekommen konnte.

Hier fanden, im Unsichtbaren, umwälzende Revolutionen statt, die es heute möglich machen, dass in unseren Breiten binnen Stunden jede erdenkliche Ware in jeder erdenklichen Qualität zur Verfügung gestellt werden kann. Das macht die Profi-Köche glücklich, aber es hat auch unsere Lebenswelt stark verändert. Nicht nur die Restaurants erzählen von den Erfolgen dieser Beschleunigung, auch die Märkte vor unserer Haustür tun es und selbst die Supermärkte, die heutzutage selbstverständlich (was allerdings nicht unproblematisch ist) neuseeländisches Lamm und südafrikanische Weintrauben anbieten können. Zentren des modernen Schlaraffenlands bilden solche Institutionen wie der Münchner Viktualienmarkt, die Frankfurter Kleinmarkthalle oder das Berliner KaDeWe. Und allen voran der Münchner Markt gibt Hinweise darauf, dass das richtige Essen im Falschen heutzutage zumindest nicht gänzlich unmöglich ist.

Damit sind nicht zuerst die bunten Spezialitätenstände gemeint, die sich unter dem Turm des Alten Peter auf den 22.000 Quadratmetern Viktualienmarkt in die Fläche tupfen und das Areal zu einem Verteilungszentrum von exotischem World Food machen. Gewiss, der Viktualienmarkt wurde berühmt, weil er als erster in Deutschland die weite Welt in die Heimat holte und Früchtenamen wie Mango, Kiwi, Physalis vorbuchstabierte, Fische aus dem Pazifik ausstellte, Elchfleisch vom Nordkap führte oder Pfefferschoten aus dem Iran. Das eigentliche Rückgrat des Angebots aber bilden von jeher, und das heißt: seit Jahrhunderten, das Regionale, Saisonale, Gejagte, Geangelte, Gepflückte, Handwerkliche.

Wenn an Samstagen die Bauern ohne Stand aus dem Umland ihre Ware in die Stadt karren, gleicht das ausgebeulte Dreieck zwischen Rosental und Frauenstraße von Sonnenaufgang an einem altertümlichen Jahrmarkt, bevölkert von Kräuterweibern, Almbauern, Pilzsammlern, und sie führen ihr Schauspiel in altehrwürdiger Kulisse auf. Die Metzgerzeile am Petersbergl, nördlicher Zipfel des Marktes, wohnt hier seit über 120 Jahren in ihren neugotischen Gemäuern, und sie gleicht einer Revue bayrischer Landschaften und ihrer Fleischeslust mitsamt Milzwurst, Saurem Züngerl und sonstiger Innerei. Die Marktbuden gegenüber bieten unter ihren grünen Dächern und Markisen rund um den »Ochsenbrater« Wild und Wildgeflügel aus oberbayerischer Jagd, es gibt Rauchforellen aus der Oberpfalz, Wurst aus Franken, Milch und Käse aus dem Allgäu, es gibt ganze Stände, deren Gemüse aus urtümlicher Dreifelderwirtschaft stammen oder die nach religiös motivierten Schonverfahren gezogen wurden.

Der Viktualienmarkt ist ein Ort mit magischem Mehrwert, geheimnisvoll unterkellert, von langer Geschichte unterfüttert, er ist der »Bauch der Stadt«, und jeder Besucher kann seine Aura spüren, sein fast mediterranes Durcheinander aus Fressen und Gefressenwerden, seine Mischung aus Verkauf und gleichzeitigem Verzehr, wenn hier eben eine Portion Ochsenfleisch aus einem Fenster gereicht wird, dort eine Pferdewurst, weiter drüben die Großgarnelen auf dem Grill zischen und in den Gassen der Duft von eingelegtem und rohem Gemüse oder gleich von Trüffeln steht (»1 gr. 2,20 Euro«). Wer gerne isst in München, und wer noch kochen kann, muss seine Zutaten nicht lange suchen; er muss nur Geld in die Hand nehmen, reichlich davon, und den Viktualienmarkt besuchen. Und er findet dort, was selten geworden ist in Zeiten der industriellen Moderne, authentische Nahrungsmittel, heimische Produkte, und er findet gar die Produzenten selbst, die für die Qualität ihrer Ware sozusagen persönlich am Marktstand geradestehen. Wer nach Konzepten für den Lebensmittelmarkt der Zukunft sucht – hier, im scheinbar Gestrigen, kann er sie aufspüren.

Der Viktualienmarkt hat vielerorts Schule gemacht. Niemand muss heutzutage mehr in München leben, um in den Genuss von regionaler Vielfalt zu kommen. Längst gibt es Bauernmärkte im ganzen Land, regionale Anbieter bauen ihre Stände auch in kleinen Städten auf. Die »Direktvermarktung« bäuerlicher Produkte hat deutlich an Prestige gewonnen, seit einzelne Landwirte nicht länger Milchseen und Butterberge speisen wollten und sie gleichzeitig merkten, dass es sogar lukrativer sein kann, einen Kohlkopf an einen Städter zu verkaufen, als sich zum Massenlieferanten im Spinnennetz des EU-Agrarmarkts zu machen. Und was die Region nicht hergibt, liefert die internationale Logistik frei Haus. Nichts, was sich nicht per Internet, Gemüse-Abonnements, bei Delikatessenhändlern oder Feinkost-Versandhäusern per Mausklick und Kreditkarte leicht erwerben ließe, und so lässt sich generell sagen: Die Zeiten waren, was das verfügbare Angebot an Lebensmitteln angeht, zu keiner Zeit besser.

Graswurzelbewegungen haben das ihre dazu beigetragen, dieser Entwicklung Halt zu geben. In den kultivierten deutschen Regionen des Südens finden sich heute Vereine, die sich um den Erhalt seltener Apfelsorten mühen, die sich die Pflege rar gewordener Nutztierrassen angelegen sein lassen, es haben sich Freundeskreise gebildet, die sich bei einem Bauern ihr eigenes Rind kaufen, dessen Aufzucht und Pflege sie persönlich überwachen und bis zum feierlichen Schlachtfest begleiten. Im ganzen Land, und hier besonders im deutschen Nordosten, beginnt zaghaft die Blüte einer ökologisch ausgerichteten Landwirtschaft, nicht zuletzt, weil die rot-grüne Bundesregierung mit der stolz verkündeten »Agrarwende« zwar nicht die (EU-)Welt auf den Kopf gestellt, aber hier und da doch guten Ansätzen zum Erfolg verholfen hat. Überhaupt hat Rot-Grün erstmals in der Geschichte der Bundesrepublik ein Klima geschaffen, in dem über die Qualität des Essens gesprochen wird, ein durchaus historisches Verdienst.

»Slow Food«, eine Bewegung für »intelligenten Genuss«, einst in Italien gegründet, hatte in Deutschland zum 10. Jubiläum im Jahr 2002 um die 5000 Mitglieder, das ist nicht gewaltig, aber dafür sind die Aktivität der »Foodies« und ihr publizistisches Echo höchst beachtlich. Die Vereinigung ist hierzulande über ihre Anfänge, als es einer kleinen Schar von Genießern und Italien-Schwärmern hauptsächlich um die private Lustbefriedigung ging, vielerorts hinausgewachsen. Sie ist zu einer umtriebigen Lobby geworden, die das Bewusstsein für bessere Nahrungsmittel, verantwortungsvollen Umgang mit Tieren, Pflanzen und Landschaft auf Märkten, Messen und Frühschoppen wach hält und die die »Biodiversität« nach Kräften fördert, indem sie etwa spezialisierte Kleinbauern, Fischzüchter, Käser oder einschlägige Wissenschaft mit der Vergabe von Preisgeldern subventioniert.

»Slow Food« setzte von Beginn an auch auf die Macht der Esskultur- und Kochbücher, was mickrig klingt, in Wirklichkeit aber große Bedeutung hat. Wer sich die heute aktuellen, fantastisch bebilderten Hochglanzbände in den weitläufigen Koch-Abteilungen der Buchhandlungen besieht, ihre Themenvielfalt und teils hochgradige Spezialisierung, kann die Anmutung ihrer Vorläufer aus früheren Jahrzehnten nicht mehr fassen, als sich noch der »Rehrücken Baden-Baden«, das »Kalbssteak Mozart«, der Schweinelendentoast »Louis Armstrong« oder die »Kohlroulade Lukull« in griesige, unscharfe Bilder übersetzt fanden. Anders heute, wo die Bildbände über das Kochen in ihrer ästhetischen Qualität gleichrangig stehen neben jenen über Kunst, Design, Mode oder sonstigen Lifestyle.

Dabei geht die Veredelung oft so weit, dass Werbebilder für Kücheneinrichtungen oder vornehme Herde manchmal an Operationssäle denken lassen. Wird in diesen staub- und keimfreien Zonen gekocht? Oder sind sie nur dazu da, die Gäste des Hauses zu beeindrucken? Es ist nicht leicht zu sagen. Jedenfalls sind die derzeit aktuellen Bilderbücher über das Kochen und Essen, die ganze Ästhetisierung der einst mit Kohldunst assoziierten »Wohnküche« Ausdruck eines veränderten Blicks auf die Nahrung, Ausdruck einer Verfeinerung auch und womöglich einer genussvollen Differenzierung.

Der schon erwähnte Wolfram Siebeck hat wesentlich zur Karriere des guten Essens beigetragen, indem er in seiner Kolumne für die *Zeit* wöchentlich und unermüdlich für das Feine und Schöne und unerbittlich gegen das Schlechte agitierte. Siebeck initiierte zudem den feinsten aller deutschen Amateurkochwettbewerbe und lernte aus den jährlichen Einsendungen der »Zeitschmecker«, dass sich – in der Spitze, nicht in der Breite – selbst an heimischen Herden tatsächlich eine deutsche Kochkunst auf Weltniveau entwickelte. Auch andere Autoren, wie Gert von Paczensky, spielten ihre Rolle, Aufklärer und Rechercheure wie Hans-Ulrich Grimm (»Die Suppe lügt«) traten später hinzu, Verlegerinnen wie Angelika Jahr, die schon vor 30 Jahren die damals zunächst als chancenlos eingestufte Publikumszeitschrift *essen und trinken* aus der Taufe hob. Andere Titel kamen hinzu, *meine familie und ich* etwa, und natürlich half auch *Der Feinschmecker*, dieses Feld zu bestellen, auf dem nun hier und da geerntet werden kann.

Aber der *Feinschmecker* ist in Machart und Ausrichtung ein interessantes Produkt, weil sich an ihm zugleich eine Kritik des Gourmet-Kults festmachen lässt, ohne in die ressentimentgeladene Ablehnung des Verfeinerten hinabsteigen zu müssen. Fast ließe sich das hochglänzende Heft als eine Art Kampfblatt beschreiben, weil es dem Luxus so provokativ das Wort redet. Die eingangs des Kapitels erwähnte Feindseligkeit, die dem genussvollen Essen in Deutschland entgegenschlägt, wird im *Feinschmecker* jedenfalls aggressiv umgedreht.

Propagiert wird auf seinen Seiten häufig das tatsächlich Unbezahlbare, Unerreichbare, maßlos Luxuriöse. In einem »Werbeumfeld« aus teuersten Uhren, handgenähten Schuhen, First-Class-Flügen finden sich Artikel über Weingüter, deren Flaschen halbe Monatslöhne kosten, über nur unwesentlich billigere Olivenöle, erlesene Meersalze oder über spanische Starköche, die sich ihre Kunst mit Gold aufwiegen lassen. In der Sektion Reisetipps führt der *Feinschmecker* Restaurants in Singapur, Hongkong, San Francisco, und auch sonst ist das schöne Heft voll von sagenhaften Kostbarkeiten, die es späterhin im *Feinschmecker*-Club nicht selten gleich käuflich zu erwerben gibt: Harmlos noch und begrüßenswert Marmeladen aus Sizilien, Weingelees aus Wiener Manufakturen, getrüffelte Entenleberblöcke aus dem Périgord, ganze Landschinken aus der Toskana. Deutlich überdreht aber schon etwa die »Valrhona-Jahrgangsschokolade im Kirschholz-Humidor«, der Sherryessig Jahrgang 1923 im geschliffenen Flakon oder das Weinaroma-Set von Jean Lenoir in der Luxusschatulle, 54 Prüfflakons mit aquarellierten Referenzkarten, das Ganze für nur 349 Euro.

Es widerspräche der Logik des hier Gesagten, dies als illegitime Exzesse des Luxus hinzustellen, weil schließlich auch solche Überspanntheiten jedem offenstehen, der sie sich leisten will (und wirklich kostet das »Weinaromenset« ja auch nur soviel wie ein raffinierter DVD-Player). Die Frage ist aber, ob mit der Zurschaustellung solcher kecken Spielereien der Sache wirklich gedient ist, die sich der *Feinschmecker* zu Recht auf die Fahne geschrieben hat, sprich: dem besseren Essen. Denn jeder spürt: Sherryessig von 1923, Jahrgangsschokolade im Humidor – das sind am Ende doch nur die Angelegenheiten einer kleinen Oberklasse, einer im Reichtum ratlos gewordenen Clique, die ihre kulturelle Differenz und Überlegenheit ausspielen und den großen Rest der Mitesser in Wirklichkeit vom Fest des Lebens ausschließen will. Man muss nur einmal anwesend sein in der First-Class eines Langstreckenflugzeugs, wenn der Kaviar ausgeht. Die Beschimpfungen, die die Stewardessen in der Folge zu ertragen haben, reden nicht von Kultur.

So findet sich im begrüßenswert Guten der esskulturellen Verfeinerung wiederum ein spezifisch deutscher Zug. Der Feinschmeckerei in deutschen Landen wohnt oft etwas Betontes, Übertriebenes inne. Statt die Wunderwelt des Essens, auch des luxuriösen, dankbar und demütig zu genießen, wird sie laut und polternd durchschritten, sie findet sich zum Spielfeld der sozial Erfolgreichen erklärt und, weil Reichtum heute sich kulturell begründen muss, zur Bühne ausgestellt vornehmer Lebensart. Es scheint, hier wären noch Wellen zu spüren, die einst zu Wirtschaftswunderzeiten mit dem Wir-sind-wieder-Wer an den Strand schlugen.

Es ist dies ein wichtiger Umstand, um die Probleme der Deutschen mit der Verfeinerung zu verstehen. Die Liebe zum Essen lebte hierzulande nie aus sich selbst heraus wie in anderen Ländern, sondern war in der Regel nur immer die Sahnehaube auf dem wirtschaftlichen Erfolg. Solange man kein Geld hatte, nahm man eben mit Leberwurstbroten vorlieb, erledigte zuerst die vermeintlich wichtigen Anschaffungen wie Autos, Fernseher, Couchgarnituren und verschob die esskulturelle Zivilisierung auf später. Der von Soziologen so genannte »cultural lag«, die kulturelle Lücke, die sozialer Aufstieg reißt, war deshalb in Deutschland immer besonders breit. Der Begriff beschreibt, grob gesprochen, das Phänomen, dass der kulturelle Reichtum häufig nicht mit dem ökonomischen Schritt hält, er meint: Die Leute hatten bald mehr Geld als Ideen, es vernünftig auszugeben. Und noch einmal anders gesagt: Die Nachkriegsdeutschen, eben dem Hunger entkommen, waren dazu verurteilt, Neureiche zu sein.

Als hätten sie dies gespürt, mieden sie in der Masse die Verfeinerung und zogen sich auf das Bodenständige zurück, feierten die »Hausmannskost« als Gegengift zu dekadenter Verfeinerung und schossen auf Marktplatzfesten mit der Gulaschkanone Salut. Man muss sich nur für einen Augenblick vorstellen, die Wirtschaftswunder-Ikone Ludwig

Erhardt hätte in den sechziger Jahren, nach seinem Leibgericht gefragt: »Weiße Trüffel aus Alba« oder »Austern« oder wenigstens »Bouillabaisse« geantwortet. Wer weiß, wie die deutsche Esskulturgeschichte im Weiteren verlaufen wäre. Aber der Dicke mit der Zigarre sagte in Wahrheit: »Pichelsteiner Topf«, und mit dieser Reminiszenz an den Volksgeschmack und der Zurschaustellung der eigenen Bürgernähe hintertrieb er die Sache der Verfeinerung sozusagen von ganz oben.

Die Genusswilligen aber sahen sich damit sozusagen zu einer frühen außerparlamentarischen Opposition gestempelt, was nicht ohne Folgen blieb. Denn statt dass sie sich einfach ihren Gelüsten hätten hingeben dürfen, mussten sie, in Gegnerschaft zur herrschenden Dumpfheit, eine Ideologie um ihre Bedürfnisse stricken, die dann Savoir vivre oder Ars vivendi hieß und die bei Licht betrachtet immer ein wenig peinlich wirkte. Hier aber liegt vermutlich der Grund dafür, warum deutsche Feinschmecker bis heute soviel überflüssiges Bekennertum vor sich hertragen. Der deutsche Gentleman durfte nicht genießen und schweigen – er musste immerfort plappern über Genuss und Lebensart, und so blieb es nicht aus, dass er sich gern verhaspelte.

Erhardts Bekenntnis zum Provinziellen, später Helmut Kohls stets wiederholte Liebe zum Saumagen, die immer wieder an höchster Stelle zur Schau gestellte Biederkeit – solche Weichenstellungen bestimmen seit je die Wege der Deutschen. Als sich am Beginn des Jahrtausends die historische deutsch-französische Freundschaft zum 40. Mal jährte, wahrhaft ein Grund zum Feiern, musste das von den

Gastgebern links des Rheins avisierte Festmenü um die allzu luxuriösen Zutaten abgespeckt werden. Die deutschen Gäste aus dem Bundestag fürchteten die Schmach, zu Hause mit dem edlen Speisezettel konfrontiert und für soviel Völlerei moralisch abgewatscht zu werden. Die Franzosen, ihrerseits, mochten in solchen Momenten an der Substanz der Völkerfreundschaft zweifeln: Wie soll man, diese Frage ging in Frankreich wirklich um, mit solch kleinmütigen Provinzlern je gut Freund sein können?

Wer in Deutschland das feine und gute Essen liebt, bewegt sich in einem historisch und soziologisch verminten Feld. Neidvoll nur kann er auf die unaufgeregte Zivilisiertheit unserer Nachbarvölker blicken, die ihr Essen kaum je problematisiert, sondern immer, so gut es eben ging, weiterentwickelt und genossen haben, Skandalen und Problemen zum Trotz. Dies gilt auch ganz aktuell aufs Neue: Ein Gutteil der Hinwendung zu verantwortungsvoll produzierter Nahrung unter den diversen Öko-Labeln kommt in Deutschland nicht aus der Freude am Leben, sondern aus der Angst um die Gesundheit. Aber so wird schon wieder eine Weiche falsch gestellt. Denn statt die Öko-Welle ruhig für die Zwecke des besseren Essens zu nutzen, werden in Deutschland schon wieder Schulen und Cliquen gegründet, die das neue Gute zum allein Wahren erklären, das es folglich ein für allemal zu erstreiten gälte. Diese neuerliche Ideologisierung wird aus den Errungenschaften der ökologischen Lebensmittelherstellung nur wieder Missmut erwachsen lassen. Denn die Ökologisierung des Essens wird, auf diese Weise diskutiert, den Deutschen doch nie weit genug gehen können, und aus dem an sich Guten wird schon wieder ein Nicht-gut-Genug. Es scheint, die Deutschen hätten großes Talent, auf der einen Seite gewonnene Lebensqualität von der anderen Seite her immer wieder sinnlos zunichte zu machen aus der Lust an der Rechthaberei.

Sind Feinschmecker und Genießer die besseren Menschen? Wer die Aufsätze von Wolfram Siebeck liest, wer die kernigen Sprüche des Fernsehkochs Vincent Klink hört, möchte meinen: Ja. Klink sagt landauf, landab, dass unser äffischer Urahn, der als Erster auf die Idee kam, eine Rehkeule über dem Feuer zu braten, mehr für die Menschheit getan habe als Einstein mit der Relativitätstheorie. Das ist vielleicht ein bisschen stark. Und es ist überdies kontraproduktiv. Denn statt immer weiter mit Oppositionsstellungen zu hantieren, käme es in Deutschland eher darauf an, eine neue Definition für die Feinschmeckerei zu finden und die unheilvolle Spaltung der Gesellschaft in eine kleine Genießerklasse und eine große Fressklasse zu überwinden.

Vermutlich wäre es das Beste, alle Begriffe wie Feinschmecker, Gourmet, Gourmand und dergleichen zu streichen. Sie sind so belastet wie verbraucht. Wir sollten die Schubladen räumen und alle wieder zu bewussten, sinnenfrohen Essern werden. Und das wären Menschen, die sich am Luxus freuen wie am einfachen Guten, die am Ende keinen Unterschied machen zwischen einem guten Brot mit guter Butter und einem geschichteten Türmchen aus Hummerscheiben und Trüffeln. Gemeinsam wäre diesen neuen Essern, dass sie nur gute, authentische Produkte akzeptierten; dass sie Wert auf die handwerkliche, bäuerliche Herstellung von Essen legten. Dass sie die industrielle Produktion nicht naiv und in Gänze verteufelten, sondern ihre Notwendigkeit begriffen, um sie hernach zum Besten aller zu reformieren. Dass sie die Pflege der Natur, den Erhalt der Landschaften, die Würde der Schlachttiere bei der Produktion von Nahrung beachtet wissen möchten. Dass sie dem Kochhandwerk als einer der zentralen Kulturtechniken der Menschheit wieder die Ehre erwiesen, die ihm gebührt. Und dass sie wieder essen um des Essens willen. Das allein wird ein Luxus sein; ein großer, tiefer Genuss.

Handwerk, Hingabe und eine Wachtelgalantine

Kochkunst: Wie Hobbyköche bei einem Meisterkurs fast an einer Vorspeise scheitern und dabei viel lernen über das richtige Essen im Falschen. Anstelle eines Schlussworts.

Im Legoland der Gemütlichkeit heißen die Hügel Fuchskopf und Eselbacken, Berge grüßen ringsum herab in dieses Stück Postkarten-Deutschland, der Schauinsland, der Kaiserstuhl, der Schwarzwald, das Markgräflerland, das Elsass und Colmar sind keine Stunde entfernt, Basel und die Schweiz liegen immer zum Greifen nah, auf den Landschaftsterrassen ringsum stehen Vieh und Wein, seit Jahrhunderten schon, am welligen Horizont geputzte Dörfer, und im Geplätscher der Dreisam und ihrer verzweigten »Bächle« glitzert die Sonne so oft und so lange wie nirgends sonst in Deutschland, dies ist Baden, nicht Württemberg, und behaglich liegt Freiburg, im Breisgau, um sein Münster.

Wenn in der Altstadt der Geschäftsbetrieb eines Tages verebbt, füllen sich die Gassen und Straßen mit Weintrinkern und Menschen vor Weizenbiergläsern, am Platz um das Münster ist praktisch jedes Haus eine Gastwirtschaft, und praktisch jeder Stuhl ist an warmen Freitagnachmittagen besetzt. Man sucht Zerstreuung und Genuss, jeder auf seine Art. Rüstige 60-jährige ziehen in knappen Trikots auf

Rennrädern vorbei, schwere Mittvierziger gönnen sich zum Spätnachmittag den Spätburgunder unter freiem Himmel, durch die Gassen ziehen duftende Wölkchen, es riecht nach Gebäck, nach Gegrilltem, aus Marktbuden dampfen die Vereinten Nationen, die Stadt ist durchsetzt mit Stationen des ambulanten Essens, indische, griechische, deutsche, italienische Bissen gehen über die Tresen, französische Ziegenfrischkäse, und beim Fischhändler liegen, wie selbstverständlich so weit vom Meer, die Jakobsmuschelkerne, die Atlantikbarsche, und an manchen Tagen selbst der vornehme Petersfisch.

An den »Bächle«, die die Stadt in ihren Rinnen altertümlich durchziehen, sitzen Menschen im Schatten, neben den nackten Füßen kühlt die schmale Rieslingflasche im Wasser, man knuspert Laugenhörnchen oder belegte Ciabattas. Wirklich herrscht ein Klima gelassener, ruhiger Lebensfreude, wie sie sich gründet in traditionsreicher Zivilität und katholischer Kultur, in der dem Sünder von jeher vergeben wird, statt ihm das Leben als dauernde Prüfung zu versauern. Und so ist auch ein Spitzenrestaurant wie jenes im Hotel »Colombi«, ein Michelin-Stern, aber mit vielen Tellern eigentlich gut für zwei, am Abend stets bevölkert, und die Esser halten sich an Rochenfilets, Taubenbrüstchen, Seeteufelmedaillons und Lammcarrées schadlos, freuen sich an Artischockensalat oder Gänseleber-Pinienvinaigrette, an Basilikum-Gnocchetti oder Wacholder-Limonenjus zu kleinen, rosigen Rehkoteletts; dazu cremiger Wirsing und Apfelpolenta; danach Grießsoufflé oder Kaiserstühler Himbeeren mit Walnusseis. Es ist nicht leicht, in Freiburg, die schönen Lügen der Fremdenverkehrsprospekte zu widerlegen. Die Stadt liegt genauso da und fühlt sich für den Besucher genauso an, wie es die Tourismusmanager glauben machen wollen.

Im »Colombi« wird gekocht. Angereist zum Kurs beim Meister Alfred Klink sind eine alleinstehende Dame aus Detmold, ein Ehepaar aus Villingen und eines aus Mannheim, verfeinerte Esser, Hobbyköche, sie lösen Geschenke ein oder kommen einfach so, um ihre Künste auszubauen und von den Profis zu lernen, sie stehen, es ist ein Samstagvormittag, in weißer Schürze im Gewirr der 34 Köche des »Colombi«, schüchtern fast angesichts des fiebrigen Betriebs, aber guter Dinge, einen schönen Tag zu erleben.

Lehrlinge tragen Eimer mit Kartoffeln vorbei, Schüsseln mit Früchten, Pilzen, sie putzen Pfifferlinge, schneiden Schalotten, sie bringen aus dem Kühlhaus riesige Fische. In den Gassen zwischen weiten, verzinkten Arbeitsflächen führen die Sous-Chefs ihre Tänze auf, der »Garde Manger«, der »Entremetier«, der Rotisseur, der Poissonnier, der Patissier, die Hochküche wird sich, auf ewig, an ihren französischen Vorbildern messen müssen, sie, die Franzosen, sind für alle Zeit »die großen Gastgeber«, sagt Alfred Klink, er ist ein mittelgroßer Mann in seinen Vierzigern, im Gesicht Schnauzbart und schnelle Augen. Seit über 20 Jahren schuftet er im »Colombi«, seit über 20 Jahren ist er morgens der Erste und abends der Letzte, ein Fanatiker der Verfeinerung, ein Extremist alles Guten und Schönen, das essbar ist, »90 Prozent meines Lebens habe ich in dieser Küche verbracht«, sagt er, und in all der Zeit hat er Zehntausende Teller gefüllt mit allem, was schmeckt und Freude macht.

Die Schüler dieses Samstags werden mit Klinks Hilfe, und unter Anleitung seines Küchenchefs Christian Mamber zunächst darangehen, ein Entrée herzustellen, sprich: eine »Chartreuse von Wachtelbrüstchen und Gänseleber in Apfel-Gewürztraminergelee mit Trüffel-Pinienvinaigrette«. Das ist genauso kompliziert, wie es klingt, das zugehörige Rezept füllt drei DIN-A4-Seiten, und allein für die Apfelscheiben, die das Kunstwerk wie ein Mäntelchen umgeben werden, sind außer den Äpfeln Zucker, weißer Portwein, Weißwein, Apfelsaft, Pfefferkörner, Lorbeer, Nelken, Sternanis und Zitronenschale bereitzustellen. Die Äpfel werden geschält, aber so, dass sie ihre perfekte Rundung behalten, ihr Kerngehäuse wird ausgestochen, sie werden halbiert und die Hälften in Scheibchen geschnitten, zwei Millimeter dick, keinesfalls mehr. In der Zwischenzeit wird aus Wasser und Zucker ein heller Karamell gekocht, mit Portwein, Weißwein, Saft abgelöscht, danach der Sud mit den Gewürzen eingekocht, das heißt: reduziert, der Fond wird schließlich durch ein Haarsieb gefiltert, also: passiert, und in ihm werden die Apfelscheiben kurz gegart, mithin: blanchiert, so dass sie Geschmack annehmen und für die weitere Verarbeitung ihre brüchige Konsistenz verlieren und biegsam werden.

Die Kursteilnehmer schwitzen bald. Es ist schwerer als gedacht, auch für diese Hobbyköche, einen Apfel derart perfekt zu zerlegen. Die Finger sind in solcher Feinmechanik nicht trainiert, noch nie haben die Schüler einem simplen Apfel soviel Aufmerksamkeit geschenkt, und peinlich fast ist ihnen das eigene Gehacke, wenn sie Klink und Mamber mit Äpfeln und Messern hantieren sehen, die routinierte Ökonomie ihrer Bewegungen, die souveräne Behandlung der Frucht. Schon wie die Köche den Apfel in die Hand nehmen, macht von Beginn an den ganzen Unterschied. Man sieht: Dies sind Hände, die seit Jahren schon derart höflich mit Äpfeln umgehen, die seit Jahren schon Zwei-Millimeter-Scheiben schneiden, und so sieht das Obst, im Griff der Meister, sehr schön aus und ungewöhnlich wertvoll.

Klink hat jetzt eine Reihe Wachteln vor sich liegen, er sagt, wie um den Leuten Mut zu machen: »Taube ist diffizil, Wachtel ist einfacher.« Die kleinen Vögel müssen entbeint werden. Zuerst sind die Flügel abzutrennen, danach das Brustfleisch abzuschälen, Klink macht es vor, das Messer in seiner Hand trifft die entscheidenden Stellen wie automatisiert, es ist nicht seine erste Wachtel, es ist viel eher seine zehntausendste, er sagt, »bei der Brust, das ist einfach, da müssen Sie hier nur mit dem Daumen drücken, dann hebt sich das Fleisch, wird fest, und dann genügt hier ein Schnitt …« Vor ihm liegt, nach Sekunden, das blanke Skelett der Wachtel neben dem Fleisch, die Brust perfekt wie ein anatomisches Muster. Keine Brust, die die Kochschüler schneiden, wird so aussehen. Das Einfache erweist sich als höchst kompliziert. Wo musste man noch mit dem Daumen drücken? Wo beginnt das Brustbein? Das Fleisch ist sehr weich, es reißt schon auf Druck, ein Schnitt, ein Ausrutscher, und übrig bleiben nur Stücke, krumme Scheiben von Wachtelbrüstchen, Fetzen fast, an den Knochen hängt noch das halbe Fleisch.

»Übungssache, wie alles im Leben«, sagt Klink. Er ruft einen Koch her, der einen Fisch transportiert, ein prächtiges

Tier. »Hier«, sagt der Meister, »so muss ein Fisch aussehen«. Mit zwei festen Griffen hält er den Wolfsbarsch in die Höhe, das Tier schimmert, seine Augen sind so klar, als wäre es noch lebendig, hinter den Kiemen liegt hellrosig das Fleisch. Er wurde in der Nacht vor der Küste der Bretagne nicht mit Netzen gefischt, sondern von Hand geangelt, er ist noch keine zwölf Stunden tot. Die Schüler stehen vor ihm wie im Zoo. Keiner von ihnen hat je einen so schönen Fisch gesehen, schon gar nicht bei einem Händler oder auf einem Markt. Das Paar aus Mannheim betastet das Tier. Sein Fleisch ist verblüffend fest, der Körper gespannt, als würden die Muskeln darin noch arbeiten. Der Barsch riecht nach Meerwasser, mineralisch, sauber, nach Meerwasser, nach nichts sonst. »Für so einen Fisch zahle ich 30 Euro das Kilo, ungeschuppt, nicht ausgenommen«, sagt Klink, »aber wer an den Zutaten spart, ist verloren«.

Aus den Keulen der Wachtel, einem Teil des Brustfleischs, dazu Gänseleber und Sahne wird im Mixer eine Farce hergestellt, cremig in der Konsistenz, nicht zu fest, nicht zu flüssig. Der größere Teil der Brüstchen wird mit Salz, Pfeffer, Nelken, Koriander und Zimt gewürzt, dann in einer fein austarierten Mischung aus Portwein, Madeira und Cognac eine gute Stunde im Kalten mariniert. Klinks Kochschüler sehen aus, als hätten sie schon eine Pause nötig. Die hohe Konzentration auf sehr kleine Punkte eines sehr kleinen Tiers, das feine Hantieren mit den Messern, die in der heimischen Küche so leicht in der Hand liegen, hier aber schwer und klobig werden, der Misserfolg am Objekt untergräbt die Motivation. Und dabei sind dies alles nur winzige Schritte auf dem Weg zu einem Menü, dabei ist dies nur das kleine Entrée, nichts ist bislang vorbereitet für den Fischgang, den Seeteufel mit der Olivenkruste und dem Ratatouille, nichts in die Wege geleitet für die zugehörigen Artischockentortellini und die geschmorten Kirschtomaten, kein Handschlag ist getan für den Fleischgang, das Lammcarrée mit Curryzwiebeln und Zucchini-Tomaten-Roulade, der Aufwand hier, in dieser Ein-Sterne-Küche, ist ungeheuerlich, fordernd, erstaunlich.

Das Wachtelfleisch hat geruht, nun werden große Bahnen dicker Alufolie gebuttert und dicht an dicht mit einem Streifen aus Brüstchen belegt. Darauf müssen die Kochschüler gleichmäßige Bahnen aus der Fleisch-Sahne-Farce streichen, auf diese Schicht werden gleichmäßig kleine Stücke gewürzter Gänseleber drapiert, auf sie wiederum dünn gehobelte Scheiben von schwarzen Trüffeln, das Schichtwerk wird abgeschlossen von einer neuerlichen Schicht Wachtelbrustfleisch, dann in der Folie zu einer Rolle, das heißt: Galantine gedreht. Das Paket geht, gut verschlossen, in einen Topf mit 70 Grad heißem Wasser. Dort wird es gut 20 Minuten gegart. Dann ist, für die Chartreuse, eine weitere Zutat so gut wie vorbereitet, und seit Beginn des Kochkurses sind schon Stunden vergangen.

Die Dame aus Detmold, die Paare aus Villingen und Mannheim, ambitionierte Köche allesamt, beginnen zu ahnen, dass ihre eigenen Werke vom eigenen Herd, verglichen mit dieser Meisterküche, nur eine sehr bäuerische Angelegenheit, wo nicht ohnehin Pfuscherei sind. »Es ist unglaublich«, sagt der Villinger, »ich hätte nie geahnt, dass es so schwer ist.« Seine Schürze ist verschmiert. Die Kochweste von Alfred Klink ist blütenweiß. Sein Küchenchef Mamber erzählt ins Geschneide und Gerolle hinein, von den Schülern befragt, von seinen Stationen. Er arbeitete im Elsass, in Baden, in Paris, in Vancouver, in Saint-Tropez, in Großküchen, in Sternehäusern und in Paris in der Villa eines alten, steinreichen Mannes, dem er vor allem die Austern aufknackte. Wie alle Köche sagt auch Mamber, dass nie auslernt, wer kocht. Dass es immer neue Produkte zu entdecken und zu begreifen gibt und dass immer Pannen passieren, weil die Creme brulée nicht stockt, der Lammrücken zu lang im Ofen steht, oder, sagt Klink, »dann haben Sie zehn Fasane, hervorragende Qualität, aber einer passt nicht. Und warum? Weil das Lebewesen sind, da ist jedes Tier anders, und da stecken Sie einfach nicht drin«.

In einer Schüssel wird eine Flasche mehrfach gefilterter Gewürztraminer Spätlese, eine Flasche Gewürztraminer Auslese mit Läuterzucker und 24 Blatt aufgelöster Gelatine verrührt. Daraus wird das Traminergelee zur Chartreuse. Ein Patissier zeigt den Schülern, wie eine Brioche gemacht wird aus Butter, Mehl, Salz, Zucker, Milch, Hefe, Eiern. Er macht einen Teig, aber er macht ihn in drei verschiedenen Schüsseln. In eine gibt er Butter und Salz, in die zweite Mehl, in die dritte den Rest, in ihr wird der Vorteig eine halbe Stunde gehen. Anschließend erst kommen alle Schüsseln zusammen, der Teig wird verknetet, geht noch einmal, und ehe er in die Kastenform kommt, wird er gewissermaßen zusammengefaltet, es werden die kurzen Ecken eingeschlagen und dann die langen Seiten zur Mitte. Der Patissier sagt, das sei wichtig, weil, »anders hat das Brot keinen Halt. Es bekommt keine Spannung«.

Klink steht dabei, er redet viel, kommt vom Hundertsten ins Tausendste, das Essen ist seine Passion. Er verrät den ermatteten Schülern Geheimnisse: dass man für Farcen das Fleisch lange vorher salzen muss; dass es Jakobsmuscheln gut tut, in Milch eingelegt zu werden; dass jeder Fisch innerhalb 24 Stunden mit Kräutern gebeizt werden kann, der Lachs aber 48 Stunden braucht. »Ach, Gänseleber«, sagt Klink, »da müsste man mal einen eigenen Kurs machen«, er ist ein strenger Lehrer. Genau sucht er sich seine Lehrlinge aus. Die Jungen, die bei ihm lernen wollen, müssen zweimal acht Tage zum Praktikum kommen, dann entscheidet Klink, ob er sie annimmt. Seine Ansprüche sind hoch. Die Ansprüche des Kochhandwerks sind hoch. Man muss eine Liebe dafür mitbringen, sagt Klink. Und man muss Respekt vor den Grundprodukten haben. »Daran entscheidet sich alles«, sagt Klink. »Ich kann Ihnen sagen, ob jemand ein guter Koch ist oder nicht, wenn ich nur sehe, wie er ein Stück Fleisch behandelt.«

Klinks Leute behandeln ihre Ware in aller Regel perfekt. Und viele bringen es weit. Das »Colombi« in Freiburg ist eine anerkannte Schule der Kochkunst, eine wichtige Station auf dem Weg zur Meisterschaft. Wer bei Klink sein Handwerk lernt, und das waren mittlerweile über 500 Köche, hat viel gelernt. Wenn die artistischen Großmeister mit den drei Sternen, Heinz Winkler oder Dieter Müller, einen Jungkoch brauchen, rufen sie in Freiburg an. Und wenn Klink sagt, er hätte einen Kandidaten, dann ist der schon so gut wie unter Vertrag. Die Kollegen in Aschau, in Baiersbronn oder Sylt sagen in der Regel dann nur noch: »Alfred, schick' ihn mir her.« Weil sie wissen, dass Klink ein Besessener ist. Auch streng mit sich selbst. In den letzten 20 Jahren, sagt er, hat er jeden Monat zwei Tage frei gemacht, nicht mehr. Und während viele große Häuser an den Feiertagen, zwischen Weihnachten und Neujahr, gern die Küche kalt lassen, steht Klink in voller Hitze am Herd. »Ich sehe jeden Teller, der rausgeht. Jeden.«

Inmitten der Küche liegt sein Büro, es ist ein verglastes Kabuff, rechts der Tür die Dienstpläne, schraffiert in allen Farben des Leuchtstifts, auch sie macht Klink selbst für seine 34 Leute, »ich mache sie – und dann sind sie Gesetz«. Klink ist, in dieser gekachelten Welt des »Colombi«, das Gesetz. Wer bis mittags keine Kochmütze trägt, zahlt einen Kasten Bier. Wer einen Steinbutt verdirbt, muss sich auf ein langes Gespräch mit dem Chef einstellen. Es geht um zu viel. Es geht um ein Restaurant mit 32 Tischen, 80 Plätzen, es geht um 250 Teller jeden Abend, um den Genuss und die Freude der Gäste. Es geht, wie in Frankreich, um großes Gastgebertum, und das bedeutet, für einen Koch wie Alfred Klink, einen Selfmader, der nicht bei den ganz Großen lernte, sondern stur seinen eigenen Weg ging, höllenheißen Stress von morgens halb acht bis nachts um halb elf.

In Klinks Bürokabuff liegt ein DIN-A4-Hefter mit 2000 Fotos. Auf ihnen sind 2000 Teller zu sehen, 2000 unterschiedliche Couverts, Entrées, Zwischengänge, Hauptspeisen, Sorbets, Desserts, Klinks Kompositionen. Fünf, sechs Mal im Jahr stellt er die Speisenfolge um, erfindet neues hinzu, richtet sich saisonal aus, aber seine Klassiker gibt es immer wieder. Darunter die Gänseleber mit Gewürztraminergelee, der Steinbutt mit Kaiserschoten und Morcheljus, die Milchlammschulter mit glacierten Artischocken und Champagnersauce, Klinks Erfindungen, klassische, hohe, leicht regional gefärbte Küche, im Hefter findet sich auch ein Foto von Klinks Rotweineis – einem schmelzenden Traum aus Wein, viel Zucker, viel Butter und Eiern, so flüchtig, dass er auf die Sekunde serviert werden muss, weil sonst vor der Zeit schon alles wieder zerfließt. Der Wareneinsatz im »Colombi« ist für den Laien unfassbar. Die Dame aus Detmold, die Paare aus Villingen und Mannheim sind sprachlos, als Klink ihnen erzählt, dass er für ein Kilogramm Nudelteig 30 Eigelbe verbraucht. »Wir haben das immer wieder ausprobiert und haben uns langsam auf 30 gesteigert«, sagt Klink. »Aber das sind jetzt Nudeln! Das sind nicht die blassen Dinger, die Sie kennen, die zergehen auf der Zunge, hervorragend, ein Traum!«

Die Chartreuse wird montiert in einem handtellergroßen Ring, dessen Boden mit Klarsicht- und Alufolie verschlossen wird. Die weichen Apfelscheiben werden einzeln, Scheibe für Scheibe, durch das flüssige Gelee vom Gewürztraminer gezogen und am Innenrand des Rings wie eine Reihe Dachziegel ausgelegt. Die Brioche wird in dünne Scheiben geschnitten, aus deren Mitte kreisrunde Plätzchen ausgestochen, sie kommen als Boden in die Chartreuse und werden mit Gewürztraminer vorsichtig beträufelt. Auf das Brot werden gleichfalls ausgestochene Scheiben einer Gänseleberterrine gelegt, sie bilden die Basis des Türmchens, und Klink sagt, »hier hängt die Dicke davon ab, wieviel Ihnen Ihre Gäste wert sind«. Auf Brioche und Gänseleber kommt eine Schicht Gänselebermousse, die entsteht, wenn man Stücke der Gänseleberterrine mit dem Weingelee im Wasserbad püriert, die Masse durch ein Sieb filtert, über Eiswasser kalt schlägt und dann angeschlagene Sahne unterhebt. Davon kommt ein Löffel in die Chartreuse. Die Ringe gehen in den Kühlschrank, bis die Mousse fest und tragfähig ist. In der Zwischenzeit wird die Wachtelgalantine in etwa ein Zentimeter breite Scheiben geschnitten. Sie kommen obenauf als mittlerweile vierte Schicht des Türmchens, nun wird mit Gewürztraminergelee aufgefüllt, das keinesfalls zu warm sein darf, um nicht die Mousse wieder zu schmelzen, was die glasklare Geleehaube hässlich eintrüben würde. Die Chartreuse, sie ist tatsächlich fertig jetzt, geht noch drei Stunden ins Kalte; dann kann sie serviert werden.

Der Kurs hat begonnen um 9.15 Uhr. Mittlerweile ist es Nachmittag. Die Kochschüler sind stolz, aber in den Stolz mischt sich der Unglaube darüber, wie lange alles gedauert hat. Wieviel Aufwand ein Entrée bedeutet. Wie perfekt die Abläufe in einer Profiküche organisiert sein müssen, die jeden Abend 250 Teller auf einem Niveau füllen will, das den Testern des Michelin einen Stern wert ist. Kein einziges der verwendeten Produkte war in irgendeiner Weise vorgefertigt. Die Nudeln entstanden aus Mehl und Eiern, die Brote aus Mehl, Eiern und Hefe, die Fische, die Vögel, die Landtiere, die im Verlauf des Tages zu Essen wurden, waren in keiner Weise vorbehandelt, nur gehäutet oder gerupft, aber zu keiner Zeit womöglich tiefgefroren, haltbar gemacht. Kein Stück der Ware kam geputzt, gewaschen oder sonstwie »convenient« hergerichtet im »Colombi« an. Alles haben die Köche gemacht. Und jedes einzelne Teil ihrer Kombinationen, jede Rohware haben sie gesondert und respektvoll behandelt, in tatsächlich Tausenden Handgriffen umgewandelt von roh zu gekocht, gebraten, gesotten, von unfertig zu perfekt. Wieviel darf so eine Wachtel-Chartreuse kosten, wenn man ihre Herstellung einmal hat erleben dürfen? Wieviel müsste sie eigentlich kosten? Sie wird, bei Licht betrachtet, immer zu billig bezahlt sein.

Samstag nachmittag, der Kochkurs bei Alfred Klink geht dem Ende zu, obwohl der Fischgang noch nicht gemacht ist, die Olivenkruste zum Seeteufel aus Butter und Eigelb, Mozzarella vom Büffel, Oliven, Weißbrot, Cayennepfeffer, Muskat, Petersilie, obwohl die Artischockenravioli noch anstünden aus Artischocken, Olivenöl, Knoblauch, Rosmarin, Thymian, Parmesan, Eiern, Mehl, Wasser, Salz, Pfeffer, obwohl die Ratatouillesauce noch nicht hergestellt ist aus Noilly Prat und Pernod und Weißwein und Fischfond und Safran und Schalotten, Paprika rot und gelb, aus Tomaten- und Zucchiniwürfeln, obwohl das Lammcarrée noch nicht gebraten ist und die Polenta aus Geflügelfond, Sahne und Maisgrieß noch nicht gekocht, obwohl das Brot zu den Gängen noch nicht gebacken ist und die Desserts noch nicht fertig sind, das Grießsoufflee mit der Zwetschgenterrine und dem Rotweineis, nichts ist fertig, die Kochschüler fürchten um ihr Abendessen, aber Klink sagt: »Vielleicht machen wir den Rest besser.« In die Gesichter seiner Zuhörer malt sich die Müdigkeit. Den angereisten Genießern schmerzt der Rücken, sie stützen sich immer öfter auf die Arbeitsplatten, ihre Konzentration ist längst überreizt. Ein Tag in der Küche von Alfred Klink; man könnte danach einen Tag Urlaub brauchen.

Der Abend beginnt mit Champagner, der Tag wird begossen, der Kurs bei Klink und seinem Küchenchef Mamber, die Genießer aus Detmold, Villingen, Mannheim kommen erfrischt zu Tisch, von Eindrücken voll, und bald steht vor ihnen die »Chartreuse von Wachtelbrüstchen und Gänseleber in Apfel-Gewürztraminergelee«, sie ist ein Kunstwerk aus hundert Arbeitsgängen, komplizierten Schneidereien, Wickeleien, Schichtungen, aus halbflüssigen Gelees und schwierigem Mousse, aus Brot und Fleisch und Früchten. Man genießt, man schweigt, man scherzt über die Dicke der Gänseleberscheiben, über vermurkste Apfelstücke, über schiefe Türme, denn es ist das eigene Werk, das hier steht, das macht einen großen Unterschied. »Die wenigsten Leute wissen eigentlich, was wir hier wirklich machen«, das hat Alfred Klink irgendwann am Tag gesagt. Es galt auch für die Esser an diesem Tisch. Nun sind sie, für Genuss und Kochkunst ohnehin offen, bereichert und erfüllt und schätzen die edle Speise ganz anders. 30 Eigelb auf ein Kilo Nudelteig! Die Eindrücke des Tages sind stark.

Es gibt Gewürztraminer zur Chartreuse, die Süße des Weins verbindet sich schön mit der Säure der Äpfel, die Geschmäcker und Konsistenzen des Türmchens schmeicheln der Zunge, unbenennbar ist der ganze Eindruck, weil es dafür keine Worte gibt, weil wir keine Sprache dafür entwickelt haben, die Dame aus Detmold sagt köstlich, der

Mann aus Villingen großartig, die Mannheimer finden die Chartreuse wunderbar oder herrlich, und doch isst jeder sein eigenes, schmeckt jeder sein eigenes, gleicht seine Eindrücke ab mit allen Essen, die er schon hatte, mit Genüssen, die ihm schon bekannt waren, mit Gefühlen, die er schon einmal durchlebte. Zu den tausend Handgriffen des Tages kommen nun tausend Assoziationen, und bald, als der Seeteufel unter knuspriger Olivenkruste aufgefahren wird, ufert der Abend aus in Geschichten.

Es sind Erzählungen von unvergesslichen Essen, von sagenhaft gelungenen und sagenhaft missglückten Abenden, der Mannheimer berichtet von großen Flaschen, die er schon entkorken durfte, der Villinger von Schwarzwaldbauern, ihm persönlich bekannt, die noch heute ihren Schinken machen wie vor 100 Jahren, und den man nur einmal essen müsse, um zu wissen, wie ein Schinken schmecken kann. Die Genießer sind fröhlich, sie sitzen bei Tisch, die Fremden sind sich nah, nach dem Fisch kommt das Lamm, ein zarter Braten, dazu die Zwiebeln, goldgelb und schmelzend. Es werden Anekdoten erzählt aus der Zeit, als das Genießen noch schwer war in Deutschland, weil es die Produkte nicht gab, wie man verzweifelt Hollandaisen aus Margarine rührte, wie die erste Auster schmeckte, wie peinlich ein Urlaub werden kann, wenn man im Restaurant keine Ahnung hat, wie man einer Languste zuleibe rückt und wofür die Gabeln und Spieße und Nadeln sind, die der Kellner herablassend aufdeckt.

Genießer sind Menschen, auch der Abend im »Colombi« zeigt es, die für ein Steinpilzrisotto notfalls 50 und für ein

Drei-Sterne-Menü 500 Kilometer weit fahren, weil sie wissen, dass diese Essen ihnen Glück schenken werden weit über das bloße Essen, weit über den Abend hinaus. Wer genießen kann und seinem Genusswillen nachgibt von Zeit zu Zeit, sammelt Stücke für ein imaginäres Album seines Lebens, das sich am Essen entlangerzählen lässt. Nicht immer, nicht einmal oft, muss es das Erlesenste und Feinste sein, nicht immer müssen Sterne funkeln, um das Bedürfnis nach gutem Essen zu befriedigen. Auch ein selbst gemachter Braten, ein Fisch, eine Suppe aus ordentlichen Zutaten, ein Stück ofenwarmes Brot können glücklich machen, und schwer zu sagen ist, woher genau dieses Glück kommt.

Im »Colombi« dampft nun das Grießsoufflée neben den Zwetschgen und dem Rotweineis, es ist ein gutes Gefühl, so bekocht zu werden, die Gäste fühlen sich respektiert, geehrt, willkommen, die Kochschüler leuchten von innen, es geht ihnen gut. Ins Ende des Abendessens hinein kommt schon wieder Klink aus der Tür, er müsste längst Feierabend haben, aber er rumort noch immer hinter den Kulissen, »wir haben morgen eine Hochzeit« sagt er, selbst er wirkt nun, spätabends, blass, die Augen gereizt, aber immer noch schnell, immer noch auf dem Sprung. Den Amateuren gibt er noch einmal mit, er sagt es im Verlauf des Tages ein Dutzend Mal: »Spart nicht an den Zutaten, sonst hilft euch das beste Kochen nichts.« Es wird noch einmal ungläubig gelacht über die 30 Eigelb am Nudelteig, man bescheinigt Klink, dass der Tag außerordentlich gewesen sei, ein großes Erlebnis, der Meister nickt fahrig, er wartet auf etwas, das nicht kommt, schließlich fragt er selbst die entscheidende

Frage: »Hat's euch geschmeckt?« Aber darauf fällt die Antwort gar nicht so leicht. Ein einfaches Ja kann lächerlich wenig sein, wenn man die Mühe kennt. Geschmeckt? Es ist immer viel mehr als das, wenn gegessen wird. Viel mehr.

Die spontane Skizze, zu jeder Gelegenheit, an beliebigem Ort auf beliebiges Material gezeichnet, ist fast so etwas wie ein Markenzeichen für die Kreativität von Architekten. Anlässlich der Eröffnung der Räume des Architekturmuseums in der neuen Pinakothek der Moderne München hat der Direktor berühmte Architekten gebeten, persönliche Grüße und Wünsche auf einer Papierserviette zu skizzieren. Diese Servietten ergeben eine bunte, phantasievoll-skurrile Sammlung.

Die Küche ist heute das Zentrum des Hauses. Sie ist mehr als ein Ort, an dem man Essen zubereitet, sie ist ein Platz, an dem man sich zum Essen, Unterhalten, Spielen und Arbeiten trifft. In diesem Appetit auf Umbau machenden Buch befasst sich Terence Conran mit all den verschiedenen Funktionen und erläutert auf gescheite und unterhaltsame Weise, wie sich praktische, dekorative, bauliche und technische Aspekte vereinbaren lassen, um einen individuellen Raum zu schaffen, in dem auch hervorragend gekocht werden kann.

Terence Conran
Die Neue Küche
224 Seiten mit 280 Farbabbildungen
und 16 Zeichnungen
ISBN 3-421-03447-8